一級警告

디지털 경고

일급 경고

쓰레기 대란이 온다, 그 실상과 해법

초판 1쇄 발행	2020년 4월 15일
초판 2쇄 발행	2021년 5월 18일

지은이	최병성
편집	김영미
표지디자인	스튜디오 진진

펴낸곳	이상북스
펴낸이	송성호
출판등록	제313-2009-7호(2009년 1월 13일)
주소	10546 경기도 고양시 덕양구 향기로 30, 106-1004
전화번호	02-6082-2562
팩스	02-3144-2562
이메일	beditor@hanmail.net

ISBN 978-89-93690-71-2 (03300)

이 도서의 국립중앙도서관 출판예정도서목록(CIP)은 서지정보유통지원시스템 홈페이지
(http://seoji.nl.go.kr)와 국가자료공동목록시스템(http://www.nl.go.kr/kolisnet)에서
이용하실 수 있습니다. (CIP제어번호: CIP2020010647)

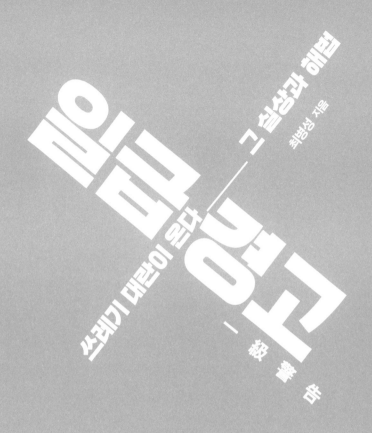

그 실상과 해법

최병성 지음

인권경고

쓰레기 대란이 온다

一級警告

이상
북스

어느 날 '쓰레기' 문제가 내 삶에 불쑥 다가왔다. 그후 환경을 지키는 길에 들어선 지난 20여 년 동안 '쓰레기'는 늘 내 삶의 한가운데 있었다. 생활쓰레기 매립장, 산업쓰레기로 만들어지는 쓰레기시멘트, 건설쓰레기로 인한 철새들의 떼죽음 등 모양은 바뀌었지만 '쓰레기'라는 중심 문제는 바뀌지 않았다.

쓰레기와의 내 인연은 1999년으로 거슬러 올라간다. 그해 8월, 강원도 영월 군수가 서강 상류에 쓰레기 매립장을 설치하겠다고 발표했다. 입지타당성조사 결과 최적지를 두 번이나 번복하더니 선거를 앞두고 표가 적은 서강가를 선택한 것이었다.

나는 생태의 보고(寶庫)인 서강을 지키기 위해 밤낮없이 쓰레기 매립장 자료를 찾아가며 공부했다. 서강의 소중함을 세상에 알리기 위해 서강의 아름다운 경관과 물고기와 새와 꽃을 카메라에 담아 영월문예회관에서 서강 사진전을 열었다. 5일장이 열리는 영월 동강 다리 위에서, 영월 시내에서, 심지어 사람들이 많이 오가는 서울 지하철 2호선 삼성역사 내에서 거리 사진전을 하며 서명을 받았다.

강 하나를 지켜내기 위해 혼신의 힘을 쏟아부었다. 영월 군수의 꿈에 내가 나오고, 내 꿈에 영월 군수가 등장할 만큼 서로 피 말리는 싸움이었다. 어느 겨울밤, 꿈속에서 군수에게 '물고기도 맑은 물을 누릴 권리가 있다'고 외치는 내 목소리에 놀라 잠을 깼다. 캄캄한 창밖에서 꽁꽁 언 강의 얼음 갈라지는 소리가 골짜기를 흔들었다. 마치 곧 들어설 쓰레기 매립장으로 인해 맑음을 잃게 될 것을 슬퍼하는 강의 통곡 같았다.

주섬주섬 옷을 입고 매서운 찬바람이 몰아치는 강으로 내려갔다. 얼음 위에 두 팔을 벌리고 넙죽 엎드렸다. 두 손과 얼굴에 꽁꽁 언 강의 차가움이 스며들었다. 울고 있는 강에게 약속했다.

"울지 마, 내가 너의 맑음을 지켜줄게!"

그로부터 1년이 지나 그 약속을 지킬 수 있었다. 공모 절차를 밟아 쓰레기 매립장은 최적지를 찾아가게 되었고, 서강은 그 아름다움과 생태의 소중함을 인정받아 환경부 보호습지로 지정되었다. 그리고 내가 발견한 한반도지형은 영월에서 관광객이 가장 많이 찾아오는 곳이 되었다.

서강을 지켜내고 얼마 후, 온갖 종류의 산업쓰레기로 시멘트가 만들어진다는 사실을 알게 되었다. 나는 신학을 공부한 목사지 화공학자가 아니었다. 그러나 전국의 많은 아이들이 아토피로 고통당하는 현실 앞에서 쓰레기시멘트의 진실을 외면할 수 없었다. 쓰레기시멘트는 내가 져야 할 십자가였다.

그러나 생각지 못한 난간에 부딪혔다. 쓰레기시멘트 문제를 파헤치기 시작했지만 서점은 물론 도서관에서도 단 한 권의 시멘트 관련 책이나 자료를 찾을 수 없었다. 정보의 바다인 인터넷을 뒤지기 시작했다. 몇 달 동안 각종 사이트에 다양한 검색어들을 넣은 끝에 꼭꼭 숨어 있던 쓰레기시멘트 관련 보고서들을 찾아냈다.

어느 정도 공부를 마친 후, 전국의 시멘트공장들을 찾아다니며 쓰레기가 쌓인 현장을 내 눈으로 확인했다. 어느 공장은 공장장에게 직접 연락해서, 어느 공장은 몰래 잠입해서 쓰레기로 시멘트를 만드는 현장을 촬영했다. 폐타이어, 폐비닐, 폐플라스틱, 폐전선, 폐유 등의 가연성 폐기물로부터 하수 슬러지, 소각재, 석탄재, 철강 슬래그, 반도체 슬러지 등의 비가연성 쓰레기까지 상상을 뛰어넘는 산업쓰레기들이 전국에서 시멘트공장으로 몰려오는 처참한 현실을 내 눈으로 직접 확인할 수 있었다.

게다가 시멘트공장들이 일본에서 쓰레기를 수입해 시멘트를 만든다는 사실도 알게 되었다. 쓰레기가 부족해서가 아니라 일본에서 쓰레기 처리비를 더 많이 주기 때문이었다. 일본 쓰레기의 수입 현장을 촬영하기 위해 나는 동해항과 삼척항에 수없이 잠복했다.

부산항으로 수입된 일본의 악성 쓰레기를 찾아내 다시 일본으로 돌려보내기도 했고, 일본 환경성 관계자들에게 쓰레기 수입 현장의 환경오염 사진을 보여주어 그들의 쓰레기 수출을 막아내기도 했다. 그 과정에서 환경부가 수출입신고제를 만들었지만, 최근 필리핀 민다나오섬에 제주도와 국내의 쓰레기가 수출된 것에서 알 수 있듯 악성 쓰레기의 불법 수출입을 막는 데는 역부족이었다.

어느 날 MBC 기자가 시멘트의 유해성을 물어왔다. 시화호에서 철새 1000마리가 떼죽음했다는 내용이었다. 바로 현장으로 달려갔다. 수자원공사가 시화호 갯벌을 매립하며 건설폐기물을 잘게 부순 순환 골재를 사용했는데, 그것이 갯벌의 물을 만나며 철새가 떼죽음한 것이었다. 당장 건설폐기물을 이용한 갯벌 매립을 중단시켰다. 이 사건을 계기로 정부는 관련 법규를 개정했다.

2014년 4월, 산으로 둘러싸인 경기도 용인의 조용한 아파트로 이사했을 때, 그곳에 새로운 문제가 나를 기다리고 있을 줄은 상상도 하지 못했다. 마을의 초등학교 앞산을 깎고 콘크리트혼화제 연구소가 들어선다는 소식이었다. 환경영향평가서는 물론 인허가 과정에 거짓이 가득했다. 무엇보다 발암물질과 유독물질을 다루는 시설이 초등학교 운동장 머리 위에 세워진다는 것이 이해되지 않았다. 그러나 사업자는 유독물질에 대한 정보는 쏙 빼놓았다.

콘크리트혼화제란 시멘트와 모래와 자갈을 혼합할 때 사용하는 화학물질을 말한다. 나는 주민들에게 콘크리트혼화제의 유해성을 설명해주었다. 사업자는 내가 허위 사실을 유포했다며 명예훼손으로 고소했고, 4억 2천만 원의 손해배상을 청구했다. 경찰과 검찰의 조사를 받았다. 수년 동안 진행된 지루한 재판 끝에 검찰은 내게 징역 5년을 구형했다. 그러나 법원의 판단은 명쾌했다. '무죄'였다. 검찰이 항소했다. 그러나 항소심과 대법원의 상고까지 모두 기각되었다. 4억 2천만 원의 손해배상 청구도 기각되었다.

내게는 힘겨운 시간이었지만, 그 덕에 콘크리트혼화제 문제를 더 깊이 공부할 수 있었다. 우리의 가족이 살아가는 거주공간의 안전을 위협하는 것은 쓰레기시멘트만이 아니라 콘크리트혼화제라는 사실을 알게 되었기 때문이다.

콘크리트혼화제 역시 쓰레기와 관련이 있었다. 유독물질인 값싼 화학물질들과 펄프 및 석유화학 제조과정에서 발생하는 액상 폐기물들로 콘크리트혼화제가 제조되고 있었다. 나를 더욱 슬프게 한 것은 콘크리트혼화제의 제조기준이나 인체 안전기준은 고사하고 이를 관리하는 정부 부처조차 없다는 사실이었다. 환경부와 국토교통부, 산업통상자원부 모두 서로에게 책임을 떠넘겼다.

2018년 5월 24일 검찰의 징역 5년 구형에 대한 법원의 무죄판결은 2018년 6월 지방선거에서 용인시의 난개발을 가장 큰 이슈가 되게 해주었다. 새로운 시장이 당선되었고, 나는 새롭게 출범한 '용인시난개발조사특별위원회'의 위원장을 맡아 1년 동안 용인시 전역의 난개발 현장을 조사했다. 그리고 전국의 지자체 중 최초로 난개발의 문제점과 대안 들을 담은 백서를 발간했다.

난개발의 현장들은 수명이 20-30년에 불과한 아파트로만 채워져 가는 하루살이 도시의 현실을 보게 해주었다. 이후 나는 재개발과 재건축 과정에서 발생하는 건설폐기물이 다 어디로 가는지에 대해, 그리고 20-30년짜리 하루살이 도시가 초래하는 자원고갈과 환경문제에 대해 심각하게 고민하게 되었다.

지금 대한민국은 쓰레기와 전쟁 중이다. 전국이 불법 투기된 쓰레기로 몸살을 앓고 있다. 2019년 3월 CNN의 경상북도 의성의 쓰레기 산

보도로 대한민국의 쓰레기 문제가 세계적 이슈가 되었다. 문재인 대통령의 지시에 따라 환경부가 지난 연말까지 불법 투기된 쓰레기를 치우겠다고 대국민 약속을 했지만, 현장엔 여전히 엄청난 쓰레기 산이 방치되어 있다. 쓰레기 매립장과 소각장의 처리 능력보다 불법 투기된 쓰레기의 양이 더 많기 때문이다.

쓰레기 문제는 불법 투기된 쓰레기 산으로 끝나지 않는다. 산더미같이 쌓인 쓰레기를 처리하기 위해 정부는 기이한 방법들을 선택했다. 쓰레기로 시멘트를 만들어 다시 우리 안방으로 돌아오게 했고, 온갖 쓰레기에 고형연료(SRF)라는 이름을 부여했다. 쓰레기 소각에 불과한 고형연료 소각에 신재생에너지라는 포장까지 씌웠다. 그 덕분에 원주, 여주, 대구, 나주 등 전국의 주민들이 고통 받고 있다.

서울과 경기도 및 인천시가 사용 중인 수도권 매립지의 수명이 채 5년이 남지 않았다. 새로운 매립지를 조성하는 데에는 7-10년이 걸린다. 제2의 쓰레기 대란이 예고되는 이유다. 매립장에 반입되는 폐기물의 50퍼센트가 건설폐기물이다. 쓰레기를 처리할 곳은 부족한데 유행처럼 퍼져가는 재개발과 재건축 덕에 쓰레기 발생량이 폭증해 매립장의 수명을 더욱 단축시키고 있다. 현실이 이러한데, 통계청 자료에 의하면 재건축과 재개발이 필요한 노후 건축물들이 줄줄이 대기하고 있다.

건설폐기물 문제는 단순히 매립장 포화에서 끝나지 않는다. 대한민국에 콘크리트 건축물이 들어서기 시작한 지 50년 만에 강모래가 사라졌다. 어장 파괴를 염려한 어민들이 바다모래 채취에 반대해 산림골재만 사용할 수 있는 상황이다. 국토교통부의 '제5차(2014-2018) 골재수급기본계획'에 따르면, 앞으로 사용 가능한 골재는 70년 치밖에 남지 않았다.

70년 뒤면 후손들이 집을 지을 모래와 자갈을 구할 수 없는 다급한 현실임에도 여전히 지금도 전국에서 아파트들이 하늘 높이 치솟고 있다. 그 덕에 마을이 사라지고 문화도 역사도 없는 아파트로만 도시가 채워져간다. 부족한 천연자원의 고갈을 부추기는 잘못된 도시정책을 개선해 나가려는 미래에 대한 고민이 도무지 보이지 않는다. 오히려 지금 당장의 집값 안정을 위해 날마다 새로운 개발 대책만 쏟아내고 있을 뿐이다.

매립장에 반입되는 폐기물의 50퍼센트를 차지하는 건설폐기물과 70년 사용치밖에 남지 않은 골재 자원 문제는 단순히 정부와 폐기물 처리업자들만의 책임이 아니다. 20-30년짜리 하루살이 아파트로 도시를 채워가는 잘못된 정책을 개선하기 위해 건축가들과 도시정책 전문가들도 함께해야 한다.

강원도 영월 서강의 생활쓰레기 매립장 문제로 환경운동의 길에 들어선 지 20년이 넘었다. 내가 원하지 않았지만, 쓰레기와 관련된 일들이 운명처럼 나를 찾아왔다. 지금 대한민국은 쓰레기와 전쟁 중이다. 언제든 제2의 쓰레기 대란이 터질 수 있는 많은 요인을 안고 있다. 우리는 보통 한 번에 한 가지 문제의 해결책을 찾는다. 그러나 오늘 대한민국이 앓고 있는 쓰레기병은 한 가지 처방으로 해결할 수 없다. 여러 가지 문제가 서로 연관되어 있을 때에는 하나의 해결책만으로는 문제를 제대로 풀 수 없다.

이 책은 책상에서 정리한 쓰레기 이론서가 아니다. 지난 20년간 전국의 다양한 쓰레기 현장에서 직접 보고 겪은 문제점들을 통해 대안들을 찾아낸 기록이다. 대한민국의 쓰레기병을 치유하는 작은 밑거름이 되길 바라며 이 책을 정리했다.

소비는 곧 쓰레기다. 오늘 내가 구입한 물건은 언젠가 쓰레기로 변한다. 쓰레기 문제를 해결하는 최선의 길은 불필요한 소비를 줄이는 것에서부터 시작된다. 오늘날 지구는 기후위기를 넘어 기후재앙의 단계에 와 있다. 지구를 살리기 위해 '조금 더 소박한 삶'이라는 불편함을 살아갈 용기가 우리 모두에게 필요한 때다. 정부는 재활용이 되지 않는 제품의 생산을 근원적으로 금지하고, 이미 발생한 폐기물의 재활용을 위한 기술개발에 적극적인 투자를 통해 청정 대한민국을 만들고 지구를 살리는 길에 나서야 한다.

2020년 4월

최병성

차례

1장

쓰레기 대란의 현실

여기도 쓰레기 산, 저기도 쓰레기 산

쓰레기가 거대한 산을 이루고 있다. 전국에서 모여든 폐플라스틱과 폐비닐 등 온갖 종류의 쓰레기가 산봉우리가 되었다. 15톤 트럭 1만 1533대 분량으로, 17만 3천 톤이다.

주변 주민들은 쓰레기더미의 자연 발화로 인해 연기와 악취에 시달리고, 쓰레기 침출수는 바로 곁에 있는 경북 도민들의 식수인 낙동강으로 흘러 들어가고 있다. 폐기물 처리업체가 허가받은 양은 2천 톤에 불과한데, 허가 용량의 80배 이상의 폐기물을 받아 방치해 벌어진 일이다.

이 쓰레기 산이 얼마나 기막혔는지 CNN은 2019년 3월 3일 "한국의 1인당 연간 플라스틱 소비량은 지난 2015년 기준 132킬로그램으로 미국(93킬로그램), 중국(58킬로그램)을 능가한다"며 "세계 최대 플라스틱 소비국 대한민국이 만들어낸 결과물"이라고 보도했다. 덕분에 대한민국의 심각한 쓰레기 문제가 전 세계에 알려졌으며, 국내 언론들이

CNN의 보도를 그대로 받아 쓰며 불법 방치 쓰레기가 2019년 가장 큰 국내 이슈 중 하나가 되었다.

경상북도 의성의 한 재활용업체에 불법 방치된 쓰레기.

폐플라스틱, 폐비닐, 폐전선 등 온갖 쓰레기가 산을 이루고 있다.

미국보다 많은 1인당 연간 플라스틱 소비량

—

　한국의 1인당 연간 플라스틱 소비량은 2015년 기준 132킬로그램으로 미국(93킬로그램)보다 많다는 CNN의 보도는 지금 대한민국의 쓰레기 문제가 얼마나 심각한지 잘 보여준다. 그동안 미국은 세계 최대의 소비 국가이자 쓰레기 양산 국가로 알려져 있었다. 퓰리처상을 받은 에드워드 흄즈는 미국인 한 사람이 한평생 102톤의 쓰레기를 만들어 낸다며 자신의 책《102톤의 물음》(Garbology, 낮은산)에서 우리가 남기는 쓰레기의 심각한 현실을 지적했다. "우리가 이 세상을 떠나고 나면 그 시신은 묘지 한자리씩 차지하겠지만, 한 사람이 남기는 102톤의 쓰레기 유산은 묏자리 1100개만큼의 면적을 필요로 한다. 그 쓰레기 가운데 상당 부분은 모든 묘비, 이집트 피라미드, 현대 고층건물보다도 더 오래갈 것이다." 그러면서 쓰레기에 중독된 현대인은 "인류 역사의 99.9퍼센트 기간 동안 그 비슷한 것도 전혀 찾아볼 수 없는 새로운 질병"에 걸렸다고 강조했다.

　문제는 우리가 미국보다 1인당 더 많은 플라스틱 쓰레기를 만들어 내고 있으며, 갈 곳 잃은 플라스틱 쓰레기가 전국 곳곳에 쓰레기 산으로 나타나고 있다는 사실이다.

　가볍고 강하다. 녹슬거나 썩지 않는다. 투명성이 있고 착색이 쉽다. 방수·방습성과 절연성이 뛰어나다. 위생적이고 식품 보관에 용이하다. 가공성이 좋다. 대량생산이 가능하다. 값이 싸다. 이처럼 플라스틱이 지닌 장점은 많다. 덕분에 플라스틱이 우리 일상을 점령했고, 그 결과 쓰레기 산이 전국 곳곳에 만들어졌다.

에드워드 흄즈는 플라스틱이 무한한 가능성이며 기적의 물질인 반면 불멸의 생애 주기 덕분에 오늘날 환경재앙을 가져오게 되었다고 다음과 같이 설명한다.

플라스틱이 자연에 위협적인 존재가 된 것은 정말로 얄궂은 일이다. 플라스틱이 전 세계를 정복하게 된 것은 그 초기에 화학산업과 제조업이 플라스틱을 인류를 자연의 압제에서 자유롭게 해줄 기적의 물질로 칭송했기 때문이다. 피아노 건반과 당구공을 더 이상 코끼리를 죽여서 얻는 상아로 만들 필요가 없어졌다. 전 세계에서 채굴되는 금속이 점점 더 부족해졌지만, 플라스틱으로 이를 대체할 수 있었다. 숙녀용 스타킹 또한 비단의 원료로 만들어내는 누에고치가 아니라 나일론을 뽑아내는 노즐에서 사출 성형될 수 있었다. 필요한 것은 화석연료와 상상력뿐이었다. 플라스틱은 자유였다.…플라스틱이 가진 이처럼 기만적이고도 유혹적인 성질과 끔찍할 정도의 편리함은 반세기 이상 동안 이 기적의 물질, 우리를 자유롭게 해준 이 위대한 혁신이 왜 반쪽짜리 발명에 불과했는지 설명하는 데 도움을 준다. 누구도 플라스틱의 생애 주기, 즉 그것이 버려지고 난 뒤의 일에 대해서는 제대로 생각하지 않았기 때문이다. 플라스틱 케첩 통 하나를 만드는 데 8그램의 석유가 들지만, 이 통은 재활용되지 않는다. 내부의 케첩 잔류물로 생긴 '오염' 때문에 깨끗한 플라스틱을 원하는 재활용업체가 기피하기 때문이다. 간단히 말해서 더러운 플라스틱은 재활용하기 너무 어렵고 비용도 너무 많이 든다. 플라스틱이 처음 만들어졌을 때 이 점에 관해서 제대로 생각하지 못했던 것, 즉 자연적으로 생겨나지 않으며 사실상 불멸에 가까운 생애 주기를 제대로 생각하지 못했던 것은 핵발전이 처음 시작되었을 때 핵폐기물을 어떻게 처리할지 제대로 생각하지 못했던 것과 흡사하다. …그것이 바로 우리가 했던 일이다.

쓰레기 불법 투기의 현장
—

환경부가 2019년 말까지 경북 의성의 쓰레기 산을 처리하겠다고 대통령에게 보고했다. 그러나 그 엄청난 쓰레기를 몇 달 만에 치운다는 것은 현실적으로 불가능한 일이었다. 정부는 의성의 17만 3천 톤의 쓰레기 산을 치우는 행정대집행 비용으로 300억 원의 예산을 책정했다. 그러나 돈이 있다고 금방 해결될 일이 아니었다. 2020년 2월 현재 겨우 2만 톤의 쓰레기를 치웠을 뿐 아직도 11만 톤의 거대한 쓰레기 산이 남아 있다.

골재용 돌을 캐내던 경기도 화성시의 채석장을 찾아갔다. 여기에도 쓰레기가 산을 이루고 있었는데, 주로 천 쪼가리들이었다. 아마도 의류 공장이나 소파공장에서 발생한 쓰레기일 것이다. 화성시에서는 우선 행정대집행 비용으로 관내 소각장에서 처리하고 있었다.

지게차가 쓰레기를 퍼 올릴 때마다 연기가 피어올랐다. 천 쪼가리도 결국 석유제품으로 만든 것이기에 가득 쌓여 있으면 무게에 의한 압력으로 자연발화가 되기도 하기 때문이다. 그런데 이게 전부가 아니었다. 조금 떨어진 반대편에 더 많은 쓰레기가 쌓여 있었다. 종류도 다양했다. 폐전선에서 구리와 동을 빼낸 후 남은 고무를 모래처럼 곱게 파쇄한 폐플라스틱 쓰레기부터 폐차 후 남은 폐플라스틱까지 온갖

경기도 화성시의 한 야산에 천 쪼가리 류의 쓰레기가 불법 투기되어 있다.

종류의 산업쓰레기가 마당 가득 쌓여 있었다. 철망으로 울타리가 쳐진 곳으로, 입구에 ○○철강이라는 명패가 달려 있었다. 그러나 안에는 철강 자재가 아니라 끔찍한 쓰레기만 가득했다. 누군가 빈 창고를 빌린 후 쓰레기를 버리고 도망간 것이다.

그런데 이 같은 쓰레기 불법 투기가 경북 의성과 화성시만의 일이 아니라는 것이 더 큰 문제다. 정부가 2019년 1월자로 집계한 전국의 불법 투기 폐기물은 총 235곳, 120.3만 톤에 이른다. 경기도가 68만 2200톤으로 가장 많고, 경상북도(28.87만 톤), 전라북도(6.85만 톤), 전라남도(3.24만 톤) 등 전국 곳곳에 쓰레기가 불법 투기되어 있다.

전국의 방치 폐기물 현황

구분	경기	경북	전북	전남	강원	충남	인천	계
발생량	68.2	28.9	6.8	3.2	2.8	3.6	3.2	
구분	충북	경남	서울	부산	울산	광주	광주	120.3
발생량	1.4	0.8	0.7	0.2	0.3	0.2	0.03	

왜 이런 일이?

―

한국환경법학회는 2007년 9월 환경부에 보고한 〈방치폐기물처리 제도의 실효성 확보방안 연구〉에 "2005년 말까지 총 905개소 280만 6천 톤의 방치 폐기물이 발생하여 그중 약 87퍼센트인 244만 6천 톤이 처리되고 현재 36만 톤이 잔존하고 있는 상태이다. 현재 잔여 방치 폐기물 36만 톤 중 건설폐기물류가 20만 5천 톤으로 60퍼센트를 차지하며, 재활용이 어려우면서 고가의 처리비를 요하여 단기간 내 처리가 곤란한 폐합성수지류 및 지정폐기물류는 7만 4천 톤 정도 남아 있는 실정이다"라고 방치 폐기물의 현실을 상세히 기록하고 있다.

약 15년 전인 2005년에도 전국에 불법으로 버려진 폐기물 문제가 심각했다. 이는 불법 투기 폐기물 문제가 최근 갑자기 불거진 일이 아니며, 환경부가 이 문제의 심각성을 오래전부터 알고 있었음에도 불구하고 지금까지 대책을 마련하지 않았음을 알려준다.

1998년 IMF 사태 이후 부도업체들이 발생하며 불법 방치 폐기물이 다량 발생하기 시작했고, 그동안에도 정부는 "이행보증금 집행, 조치명령, 행정대집행" 등을 통해 방치 폐기물을 처리해왔다.

강화도의 한 공장 부지에 폐차를 비롯한 폐기물들이 방치되어 있다. 이처럼 정부의 방치 폐기물 통계에 빠진 폐기물들이 전국 곳곳에 널려 있다.

그러나 국내 폐기물 발생량이 지속적으로 증가하는데 비해 처리 시설이 부족한 상태에서 2017년 중국의 폐기물 수입금지조치로 인해 폐기물 처리비용이 증가하자 최근 폐기물의 불법 방치와 투기가 더욱 심각해지고, 필리핀에 불법 수출하는 일까지 발생한 것이다.

실효성 있는 제도 개선이 우선되어야

—

CNN의 의성 쓰레기 산 보도 이후 문재인 대통령은 전국의 불법 방치 폐기물을 2019년 연내에 모두 처리하라고 지시했다. 그러나 민간이 운영하는 산업폐기물 소각장과 지자체 소각장의 시설 용량보다 전국에 방치된 불법 폐기물이 더 많기 때문에 애초에 불가능한 지시였다.

설사 지금까지 쌓인 불법 폐기물을 치우는 것이 가능하다고 해도 또 다른 어딘가에 새로운 쓰레기 산이 만들어질 수 있다. 단순히 쓰레기를 치우는 일뿐만 아니라 이러한 쓰레기 불법 투기가 재발하지 않도록 근원적으로 제도를 개선하는 일이 더 시급하다는 것이다.

정부는 방치된 쓰레기를 예산을 투입해 정부가 대신 치우는 행정대집행에 소요되는 처리비용을 검찰·경찰·지자체 등과 협력하여 발생 원인자 등에게 구상권을 청구해 최대한 징수할 계획이다. 또한 새롭게 발족한 '불법폐기물 특별수사단'에서 끝까지 범법자를 추적·규명해 엄단하고, 불법행위로 취한 부당수익도 환수할 계획이라고 한다.

그러나 올바른 제도 개선이 이뤄지지 않는 한 국민들에게 보여주기 식의 실효성 없는 정책에 불과하다. 사업자의 재정부실로 방치 폐기물이 발생하는 경우 사업자가 행방불명되거나 재산이 없고, 폐기물이 방치된 토지 소유자의 모든 재산이 채권자들에게 근저당 설정된 경우가 대부분이어서 정부가 행정대집행을 해도 사후 처리비용을 환수하기가 어렵기 때문이다. 형사 고발을 한다고 해도 현행법에 따르면 징역 6개월 정도의 처벌에 그치는 경우가 많아 큰 실효성이 없다.

돈이 된다면 불법도 마다하지 않는다

어디에 숨어 있을까? 대한민국 최대 수출입 항구인 부산항의 드넓은 야적장에 컨테이너가 하늘 높이 쌓여 있다. 이 많은 컨테이너 중 일본에서 들여온 악성 쓰레기가 들어 있는 컨테이너를 찾아야 한다.

일본에서 악성 쓰레기를 재활용제품이라고 속여 부산항으로 들여왔다는 제보를 받았다. 부산항으로 달려가 부산 세관에 일본에서 재활용을 빙자한 악성 쓰레기가 수입되었다고 말했다. 내 말을 믿지 않는 세관원들에게 제보받은 수입 통관 물건번호를 제시했다. 쓰레기가 수입되었다는 내 말을 믿지 못할 뿐 아니라 수입한 화주의 허락 없이 컨테이너를 열 수 없다는 담당자들을 설득하는 데 여러 시간이 걸렸다.

드디어 산적한 컨테이너들을 뒤져 찾아냈다. 컨테이너를 바닥으로 내려 굳게 잠긴 컨테이너의 자물통을 절단했다. 문이 열렸다.

과연 저 안에 어떤 물건이 들어 있을까? 만약 쓰레기가 아니라면? 정상적인 수출입 물건이 들어 있으면 나는 어떻게 될까? 엉뚱한 제보로

드넓은 야적장에서 찾아낸 컨테이너를 열자 악취가 진동했다.

컨테이너 안 포댓자루에서 나온 일본산 쓰레기.

괜한 고생시켰다고 내게 뭐라 하겠지? 서울에서 부산까지 달려와 내 말을 믿지 않는 세관원들을 몇 시간 동안 설득해 부산항에 들어가 문제의 컨테이너를 찾았다는 기쁨도 잠시 '혹시 아니라면?' 하는 마음에 가슴이 조마조마했다.

문이 열리자 악취가 진동했다. 컨테이너 안은 커다란 자루로 가득했다. 지게차로 자루를 꺼내 사법경찰관들이 꽁꽁 묶은 자루를 풀었다. 순간 모두 탄식을 쏟아냈다. 수입신고 내역서에는 재활용을 위한 고무칩이라고 적혀 있었는데, 자루에 담겨 있는 것은 악취 진동하는 쓰레기였기 때문이다. 지게차가 다른 자루들도 꺼냈다. 역시나 모든 자루마다 쓰레기로 가득했다.

유해 폐기물의 국가간 이동 및 그 처리의 통제에 관한 국제 법률인 바젤협약 제4조 9항에 따르면, 각 나라는 재활용이 가능한 경우에만 폐기물 수출을 허가할 수 있다. 또 폐기물 국가간 이동법 제6조 제2항에 따르면, "수출입 규제 폐기물의 경우 해당 폐기물이 수입국에서 재활용을 위한 산업의 원료로 필요한 경우 등에만 수출을 허가할 수 있다"고 되어 있고, 동법 제19조 제2항에는 "사람의 건강과 환경에 위해를 줄 우려가 있는 폐기물은 수출하거나 수입할 수 없다"고 되어 있다.

일본에서 부산항으로 들어온 폐기물은 컨테이너 두 개에 총 111개 자루였다. 종류별로 표본을 가져와 다음날 연구소에 분석을 의뢰했다. 염소 함유량이 무려 16만ppm이 넘는 악성 쓰레기였다. 수입 신고서에는 '재활용을 위한 고무칩'이라고 적혀 있었지만, 재활용은 고사하고 천 쪼가리, 천막천 찌꺼기, 에스컬레이터 손잡이 등 소각장에서 처리하기도 어려운 유해 쓰레기였다.

일본 쓰레기 일본으로 돌려보내다

—

　집으로 돌아와 일본 환경성에 메일로 신고했다. 일본의 A회사가 유해 폐기물을 한국의 부산항으로 불법 반입했으니 일본으로 되가져가고 이런 일이 반복되지 않도록 처리해달라는 내용이었다.

　관세청과 환경부에 맡겨두면 이 불법 폐기물이 일본으로 되돌아갈 것 같지 않았다. 수입 회사에만 벌금을 물리고 국내에서 소각해버리면 이런 일이 계속 반복될 것 같았다. 일본으로 되돌려보내는 것만이 일본으로부터 유해 쓰레기가 불법 수입되는 것을 근절하는 길이라고 생각했다.

　일본 환경성에 신고한 지 며칠 만에 답이 왔다.

　연락 감사합니다.

　일본 환경성에 통보해주신 한국으로의 수출 사건에 대해 대응 상황을 연락드립니다. 일본 환경성에서는 최병성 님으로부터 통보받은 후 9월 10일에 수출업자인 A사에 대해 조사했습니다. 또한 지금 반송 수속을 진행 중에 있습니다. 일본에 입항한 후 화물 상황을 확인하고, 일본의 법령 위반 여부를 조사할 예정입니다. 조사결과 및 그 후의 대응에 대해 다시 연락드리겠습니다.

일본 환경성 폐기물 불법 투기 대책실.

　부산항에 알아보니 정말 일본 환경성에서 부산항에 수입되었던 쓰레기를 일본으로 되가져갔다. 그리고 다시 한 달이 지나 일본 환경성에서 조사결과에 대한 메일을 보내왔다.

일본으로 반송된 화물에 대해 조사를 실시해 그 결과를 연락드립니다. 일본 환경성 조사결과, 화물은 두 개의 컨테이너에 111개 백으로 적재되어 있었고, 총 중량은 4만 2550킬로그램이었습니다. 화물 내용을 조사한 결과 에스컬레이터의 고무손잡이 등을 파쇄한 것으로 눈에 띄는 이물질의 혼입은 발견되지 않았습니다.

본 화물의 이용 목적은 시멘트공장에서 보조연료로서의 성상에 영향을 주지는 않는 것이었습니다. 냄새는 있었지만 부패악취에 의한 생활환경에 악영향을 미칠 만한 악취라고는 할 수 없고, 벌레의 발생이나 염화비닐 조각의 존재에 대해서도 확인할 수 없었습니다.
이에 따라 본 건에 대해서는 일본 국내법령의 위반은 인정되지 않았기에 본 화물은 수출자가 인수해갔습니다. 한국의 폐기물관리법 위반에 대해서는 좀 더 자세히 한국 환경부에 확인 중입니다. 일본 환경성에서는 한국의 폐기물관리법의 개정 내용을 확인하고, 일본의 사업자에게 주지시키도록 노력하겠습니다.
                                                일본 환경성 폐기물 불법 투기 대책실.

일본 환경성은 "재활용이 가능한 경우에만 폐기물의 수출을 허가할 수 있다"는 바젤협약의 위반을 피하기 위해 시멘트공장에서 사용키 위함이며 이물질 혼합이 발견되지 않았다고 거짓말을 했다. 그러나 일본 법령 위반에 대해 일본 환경성과 더 이상 싸울 필요는 없었다. 신고 메일한 통만으로 신속하게 쓰레기를 회수해가 답을 준 것만으로 기특했기 때문이다.

　쓰레기를 부산항으로 수입한 일본 A사의 한국 지사장으로부터 "다시는 한국으로 쓰레기를 반입하지 않겠다. 용서해달라"는 메일을 받았다. A사가 한국으로 수출하기 위해 일본에서 처리하기 어려운 악성 쓰레기를 일본 전역으로부터 모았는데, 한국으로 수출을 시작하자마자 내게 적발되어 결국 파산했다는 소식도 전해 들었다. 일본에서 유해 쓰레기를 수입하려던 일은 이렇게 일단락되었다.

수출입 국가만 바뀌어 반복된 일
—

　부산항으로 들여온 일본의 쓰레기를 되돌려 보낸 것이 벌써 12년 전인 2008년 9월의 일이다. 그런데 최근 충격적인 사실이 알려졌다. 이번엔 한국에서 필리핀과 동남아시아로 쓰레기를 불법 수출한 것이다.

　2020년 2월 2일 경기도 평택항에서는 멀리 필리핀에서 들어온 컨테이너가 열렸다. 모습을 드러낸 것은 수출입 상품이 아니었다. 필리핀으로 불법 수출했던 쓰레기가 1년 6개월 만에 다시 한국으로 돌아온 것이다. 비바람에 삭았지만 터지고 찢겨나간 비닐 포장이 제주도의 쓰레기임을 쉽게 확인시켜주었다. 그동안 무슨 일이 있었던 것일까?

　필리핀 민다나오섬에는 한국에서 불법 수출된 5100톤의 쓰레기가 방치되어 있었다. 그 중엔 쓰레기 대란을 겪고 있는 제주도의 폐기물

필리핀 민다나오섬에 1년 넘게 쌓여 있다 다시 평택항으로 돌아온 제주도의 쓰레기와 각종 플라스틱 쓰레기.

도 1800톤이나 있었다. 가득 쌓인 쓰레기 더미에서 불이 나고 침출수와 악취로 주민들이 고통 받자 2018년 11월 필리핀의 환경운동단체들이 주필리핀 한국대사관 앞에서 "쓰레기를 한국으로 돌려보내라"고 시위했다.

　필리핀의 그 쓰레기는 경기도 평택시에 있는 A사가 지난 2018년 7월에 5177톤, 9월에 1211톤씩 수출한 것이었다. 한국의 쓰레기가 국제 문제로 커지자 필리핀 항구 컨테이너에 보관돼 있던 1211톤의 쓰레기는 환경부가 2019년 2월 한국으로 반송해와 소각 처리했다.

그러나 2018년 7월에 수출된 5177톤의 쓰레기는 여전히 필리핀 민다나오섬에 남아 주민들을 고통으로 몰아넣고 있었다.

지난 2월 2일 평택항으로 들어온 쓰레기는 아직 필리핀에 남아 있는 5177톤 중 800톤을 컨테이너 50개에 담아 한국으로 가져온 것이다. 이 쓰레기는 환경부와 평택시·제주도의 협의에 따라 30개는 평택시가 처리하고, 20개는 제주도가 처리하게 된다. 필리핀에 남아 있는 5177톤 중 약 1800톤이 제주도 쓰레기로 확인되어 2019년 7월 환경부·경기도·평택시와 제주도가 65 대 35 비율로 비용을 분담해 소각 처리하기로 협의했기 때문이다.

환경부와 경기도는 필리핀 민다나오섬에 아직 남아 있는 4300톤의 쓰레기를 두 달에 한 번꼴로 평택항으로 들여와 연내에 모두 처리할 예정이다.

감사원은 2020년 1월 22일에 발표한 〈폐기물 관리 및 재활용 실태〉 감사보고서에 쓰레기가 필리핀으로 수출된 경위와 현재 처리 과정을 다음과 같이 발표했다.

2018. 1. 5. 경기도 평택시 소재 폐기물 수출 업체인 주식회사 A는 폐플라스틱을 적정한 재활용 공정을 거쳐 필리핀에 수출하겠다고 수출 신고를 한 후 이물질(폐목재, 철제, 기타 쓰레기 등)이 다량 혼입되어 재활용이 불가능한 폐플라스틱 6388톤을 수출하였다가 필리핀 당국에 적발되었고, 한강유역환경청의 반입명령 처분에도 불구하고 위 업체는 적법한 절차에 따라 폐기물을 수출하였으며 수출된 폐기물은 재활용이 가능하다고 주장하면서 행정처분을 거부하여, 한강유역환경청, 평택시 등이 약 10억

원의 예산을 들여 국내로 반입 후 처리한 사건이 발생한 바 있다.

한강유역환경청은 필리핀에 폐기물을 불법 수출한 A사에 반입을 명령했지만 A사는 재활용이 가능한 폐기물이라 적법하다며 행정처분을 거부하고 있다. 이에 대해 감사원은 "폐기물 수출 업체가 재활용하기 어려운 폐기물을 수출하고자 하면서 재활용이 가능하다고 주장하는 경우 이를 막기가 곤란한 실정"이라며 허술한 폐기물 처리법의 현실을 지적했다. 특히 감사원은 그동안 환경부가 수출 폐기물에 대해 재활용이 가능한지 판단하는 기준을 마련하지 않았기 때문에 폐기물 불법 수출이 발생한 것이라며, 재활용이 불가능한 폐기물이 수출되지 않도록 수출 폐기물의 재활용 가능 여부를 판단할 수 있는 관리기준을 마련하라고 환경부에 촉구했다.

왜 이런 일이 벌어졌을까

—

2008년에 일본에서 부산항으로 들여온 쓰레기는 재활용이 불가능함에도 불구하고 재활용을 위한 고무칩이라고 속여 수입된 것이었다. 한국에서 필리핀으로 폐기물을 수출한 수법 역시 동일했다. 재활용이 불가능한 온갖 성상의 폐기물이었음에도 불구하고 재활용을 위한 플라스틱이라고 거짓 신고해 수출했다.

왜 이런 일이 벌어진 것일까?

일본의 수출업자로부터 유해 폐기물을 받기로 한 폐기물 처리업체사장에게 얼마의 처리비를 받기로 했는지 물어보았다. 톤당 처리비가 단돈 5만 원이었다. 기가 막혔다. 일본의 수출업자는 폐기물 배출업자들에게 처리비용으로 많은 돈을 받은 후 싼값에 한국으로 폐기물을 넘긴 것이다. 한국으로 보내는 배 운임을 포함하더라도 엄청난 이익이 남는 장사였기 때문에 불법을 감행한 것이다. 필리핀으로 폐기물을 보낸 한국의 A사 역시 폐기물 배출업자나 재활용업체에게 폐기물을 싸게 처리해주겠다며 돈을 받고 폐기물을 받아 필리핀으로 보냈다. 돈을 벌기 위해서라면 불법도 마다하지 않는 사람들의 생각이 이런 국제적인 쓰레기 소동을 일으켰다.

제2의 쓰레기 대란이 기다린다

힘겹게 한 걸음 한 걸음 내디딘다. 손수레가 넘치도록 가득 실었다. 손이 닿지 않을 만큼 높이, 그리고 손수레 좌우와 뒤에도 최대한 매달았다. 허리가 구부정하게 굽은 할머니가 무거운 폐지 손수레를 끌고가고 있었다.

몇 걸음 내딛던 할머니가 잠시 걸음을 멈추고 길가에 앉아 한숨을 돌린다. 저만치에 차를 세우고 얼른 할머니에게 다가갔다.

"할머니, 이게 며칠 동안 모은 거예요?"

"아마 삼사일."

"이렇게 한가득 싣고 가면 얼마나 받으세요?

"휴우…."

할머니는 대답보다 한숨을 먼저 내쉬었다.

"요즘 종이값이 없어. 만 원도 안 줄 거야."

"네…."

허리 구부정한 할머니가 폐지를 가득 실은 손수레를 고물상으로 끌고가고 있다.

"앞으로 얼마나 더 가셔야 해요?"

"아직도 한참 가야 혀."

마음은 고물상까지, 아니 저만치 조금이라도 손수레를 밀어드리고 싶었지만 약속 시간이 촉박해 그럴 수는 없었다. 차를 향해 발길을 떼려는 순간 좋은 생각이 떠올랐다. 지갑에서 만 원짜리 한 장을 꺼내 따뜻한 식사 드시라며 할머니 손에 쥐여드렸다. 깜짝 놀라 눈이 커지더니 감사하다며 받으셨다. 거절하지 않고 선뜻 받아주시니 내가 더 감사하고 기분이 좋았다.

"할머니 건강하세요." 이 한마디를 남기고 약속 장소로 가는 내내 손수레를 끄는 할머니의 힘겨운 숨소리가 들리는 듯했다. 이 땅에 살아가는 폐지 줍는 노인들의 안타까운 현실이 가슴 답답하게 밀려왔다.

마을을 사방 돌아다니며 주운 폐지를 손수레에 실어 저 먼 고물상까지 힘겹게 끌고간 수고만큼 값을 제대로 받는다면 얼마나 좋을까? 최근 폐지값이 폭락했다니 더욱 안타까울 뿐이었다. 종이값이 얼마 안 된다고 포기할 수도 없을 것이다. 몇 푼 안 되는 돈이라도 생계유지를 위해 꼭 필요하기 때문이다.

갈수록 폭락하는 폐지값

—

우리나라는 세계에서 유례없이 빠른 속도로 고령사회가 되었다. 2026년에는 65세 이상 고령인구가 전 인구의 20퍼센트를 넘는 초고령사회가 된다. 이미 2018년에 국민소득 3만 불이 넘었다고 이야기하지만, 대한민국은 OECD 국가 중 노인빈곤률 1위인 슬픈 나라다.

한국노인인력개발원은 〈폐지수집 노인 실태에 관한 기초연구〉(2018. 11)에서 폐지를 줍는 노인의 수가 2017년 6만 6천 명이고, 이 중 생계형 폐지수집 노인이 약 4만 6천 명에 이른다고 밝혔다.

특히 폐지수집 노인 중 폐지수집을 하는 이유가 생계비를 마련하기 위함이라고 응답한 "생계형 폐지수집 노인"이 2011년에는 폐지수집 노인 중 약 60퍼센트였는데, 2017년에는 68.5퍼센트로 8.5퍼센트포인트 증가했다고 한다.

흔히 폐지 줍기를 대한민국 최고의 노인복지대책이라고 이야기하곤 한다. 그런데 그 유일한(?) 노인복지대책이 위태롭다. 폐지값 폭락으로 종일 폐지를 주워도 1만 원을 벌기 어렵기 때문이다.

2020년 2월 현재 고물상의 폐지 매입가격이 1킬로그램당 약 60원

정도다. 1킬로그램당 130원이었던 2017년의 절반 수준에 불과한데, 앞으로 더 떨어질 것이라고 한다. 폐지 매입가격은 2011년 1킬로그램당 199원에서 2014년 107원으로 떨어졌다. 2017년엔 잠시 130원으로 치솟았다가 2018년 90원, 그리고 2019년 말에는 60원 대로 폭락했다.

연도	2011	2014	2017	2018	2019
폐지 1킬로그램 가격	199원	107원	130원	90원	60원

예전에는 폐지를 모아 고물상에 넘기면 하루 2-3만 원 정도 벌 수 있었지만 지금은 1만 원을 벌기도 힘들다. 중요한 문제는 종이값의 폭락이 폐지 줍는 노인들의 고통으로 끝나지 않는다는 사실이다. 지난 2018년 4월에 발생했던 쓰레기 수거 대란보다 더 큰 쓰레기 대란이 발생할 수 있다.

'혹시나'가 아니라 '언제냐'의 문제
—

폐기물관리법 제2조 제1호는 폐기물을 "사람의 생활이나 사업활동에 필요하지 아니하게 된 물질"로서 "쓰레기, 연소재, 오니(汚泥), 폐유, 폐산, 폐알칼리, 동물의 사체 등"이라고 정의한다. 폐기물은 발생원에 따라 생활폐기물과 사업장폐기물로 나뉘고, 사업장폐기물은 다시 발생 특성과 유해성에 따라 사업장생활계폐기물, 사업장배출시설계폐기물, 건설폐기물, 지정폐기물로 나뉜다.

현재 생활폐기물은 지방자치단체가 위탁업체를 통해 수집·운반한다. 폐기물 수거업체가 아파트와 주택단지에서 수거하는 폐기물은 폐지, 헌옷, 폐비닐, 폐플라스틱, 빈 병, 고철, 폐스티로폼 등 크게 7가지로 구분된다. 이 중 폐기물 수거업체에 수익이 되는 것은 폐지와 헌옷, 그리고 고철이다. 폐비닐과 폐플라스틱, 폐스티로폼 등은 처리비용이 더 들기 때문에 수거할수록 손실이 발생한다.

그동안은 폐지에서 남는 이익을 통해 폐플라스틱과 폐비닐 등에서 발생하는 손실을 감당해왔다. 그런데 중국의 폐기물 수입금지조치로 폐지값이 폭락하자 폐기물 수거업체들의 손실이 날로 커지고 있다. 국민을 위한 폐기물 수거라는 공익성이 크기는 하지만, 폐기물 수거업체는 민간 기업으로서 당연히 이윤이 남기 때문에 폐기물 수거를 담당해왔다. 그런데 폐지값 폭락으로 이윤이 남지 않는다면 더 이상 폐기물 수거를 할 수 없는 것은 너무도 당연한 일이다.

대책이 나오지 않으면 조만간 서울을 비롯해 전국에서 '쓰레기 수거 중단'이라는 쓰레기 대란이 일어나는 것은 기정사실이다. '혹시냐'가 아니라 '언제냐'라는 시간의 문제일 뿐이다.

폐기물관리법 상 폐기물 분류

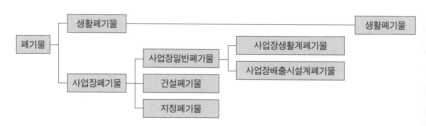

예고된 쓰레기 대란

—

쓰레기 대란을 미리 피한 몇몇 지자체가 있다. 경기도의 성남시, 수원시, 용인시, 오산시, 안양시 등은 지난 2018년 쓰레기 대란 이후 생활폐기물 수거 정책을 바꾸었다. 수거업체들은 수익이 되는 폐지와 헌옷과 고철과 빈 병을 수거해가고, 손실이 발생하는 폐플라스틱과 폐비닐과 폐스티로폼은 지자체가 따로 수거·처리하는 것이다.

폐기물관리법 제4조 "국가와 지방자치단체의 책무" 제①항에 "특별자치시장, 특별자치도지사, 시장·군수·구청장은 관할 구역의 폐기물의 배출 및 처리상황을 파악하여 폐기물이 적정하게 처리될 수 있도록 폐기물처리시설을 설치·운영하여야 하며, 폐기물의 처리방법의 개선 및 관계인의 자질 향상으로 폐기물 처리사업을 능률적으로 수행하는 한편, 주민과 사업자의 청소 의식 함양과 폐기물 발생 억제를 위하여 노력하여야 한다"고 규정되어 있고, 제②항엔 "특별시장·광역시장·도지사는 시장·군수·구청장이 제1항에 따른 책무를 충실하게 하도록 기술적·재정적 지원을 해야 하고" 제④항엔 "국가는 폐기물 처리에 대한 기술을 연구·개발·지원하고, 특별시장·광역시장·특별자치시장·도지사·특별자치도지사 및 시장·군수·구청장이 제1항과 제2항에 따른 책무를 충실하게 하도록 필요한 기술적·재정적 지원을 해야 한다"고 규정되어 있다.

또 폐기물관리법 제14조 "생활폐기물의 처리 등"에 관한 제①항에는 "특별자치시장, 특별자치도지사, 시장·군수·구청장은 관할 구역에서 배출되는 생활폐기물을 처리하여야 한다"고 규정되어 있다.

폐기물관리법에 규정된 바와 같이 국가와 지방자치단체장은 생활폐기물을 처리할 책무가 있다. 결국 생활쓰레기의 올바른 처리는 민간 수거업자가 아니라 지방자치단체장이 해야 할 중요한 책임 중 하나인 것이다.

종이값이 폭락한 지금 같은 상황에서는 쓰레기 대란이 일어날 수밖에 없음을 감사원도 알고 있다. 감사원은 2020년 1월 22일 발표한 〈폐기물 관리 및 재활용 실태〉에서 감사 결과 발표에서 제2의 쓰레기 대란이 일어날 수 있음을 다음과 같이 경고했다.

중국의 폐기물 수입금지 조치(2008. 1)와 유가 하락 등으로 민간에서 수거하는 재활용폐기물의 가격이 폭락함에 따라 2018년 4월 수도권 아파트에서 재활용폐기물을 수거하는 민간 재활용업체가 값어치가 낮은 폐플라스틱·폐비닐류의 수거를 거부하여 주민들이 큰 불편을 겪는 문제가 발생하였다. 이에 대해 환경부는 폐비닐 재활용에 대한 지원금 단가를 당초 271원/kg에서 293원/kg으로 8.1퍼센트만큼 높이고, 지방자치단체는 위 사태 이후 아파트 주민들이 분리배출한 폐비닐을 관할 지방자치단체가 직접 수거하여 처리(경기도, 대구광역시)하는 등으로 우선 사태를 해결하였으나 앞으로도 같은 문제가 발생할 가능성을 배제할 수는 없다.

국내 폐지가격이 폭락한 현재 수익률이 떨어져 폐기물 수거업체들은 생활폐기물 수거 거부를 고민하고 있다. 지난 2018년 서울과 수도권의 쓰레기 대란 사태가 재현될 수 있음을 감사원뿐 아니라 많은 전문가들이 인지하고 있다. 환경부가 폐기물 수거업체들의 불만을 미봉책으로 꾹꾹 눌러놓은 것뿐이다.

폐지를 수입하는 어처구니없는 현실

—

경기도 용인 양지IC 입구에 대규모 물류창고가 위용을 자랑하고 있다. 덕평IC 근처에는 쿠팡을 비롯해 롯데, CJ 등 대형 물류창고가 줄지어 서 있다. 물류 산업의 증가로 이런 대형 물류창고들이 곳곳에 들어서고 있다. 온라인 쇼핑몰 거래액이 2001년 3조 3471억 원에서 2016년 65조 6170억 원으로 증가했고, 택배업은 2001년 2749억 원에서 2015년 4조 2420억 원으로 급증했다. 국내 물류 산업은 앞으로 더 증가할 추세여서 포장용 골판지 사용량은 더 증가할 것이고, 제지업계는 그 수혜를 입게 될 것이다. 특히 정부가 2030년까지 플라스틱 폐기물 발생량을 50퍼센트 감축할 예정이라 플라스틱을 대신하는 골판지의 수요 증가가 예상되어 제지회사의 수익 증가에 한몫할 것이다.

골판지를 만드는 A제지의 2018년 매출액은 약 2800억 원으로 전년비 7.2퍼센트 상승했고, 영업이익은 전년대비 1,6퍼센트 상승했다. B제지사는 2018년 매출액 1조 8000억 원으로 전년대비 11.9퍼센트 증가했고, 영업이익은 무려 74.9퍼센트 상승했다.

골판지는 폐지를 재가공해 만든다. 종이박스를 만드는 재료인 골판지 업체는 폐지가격 하락으로 원가 부담이 줄어들어 수익이 증가했다. 최근 1인 가구 증가와 온라인 쇼핑이 크게 성장하면서 택배 수요가

경기도 용인시 양지IC 근처에 들어선 대형 물류창고. 저 멀리 뒤편에도 대형 물류창고가 보인다.

증가해 박스용 원지가격은 급등하고 원료인 폐지가격은 급락하니 제지회사의 수익이 크게 증가한 것이다.

폐지값 폭락으로 폐지 수거 노인들은 겨우 연명을 하고, 생활폐기물 수거업체가 고통을 받고 있고, 국민들은 쓰레기 수거 거부로 인한 쓰레기 대란을 겪을 위기에 처해 있다. 그런데 폐지값 폭락으로 수익이 증가한 제지회사들이 외국에서 폐지를 수입하는 어처구니없는 일이 벌어지고 있다. 외국 폐지가 더 싸다는 이유로 폐지 수입을 계속해 폐지값 폭락을 부채질하고 더 많은 이윤을 창출하는 것이다.

폐지 수입이 늘고 국산 폐지값이 폭락하자 정부는 2018년 4월 제지업계를 비롯해 폐지사와 고물상 등 제지 원료업계와 함께 "폐지 공급 과잉 해소 및 재활용 활성화를 위한 업계 자율협약"을 체결했다. 그러나

페지값 폭락으로 페지 수거 노인들과 폐기물 수거업체들이 고통 받는 동안 제지회사들은 큰 수익을 올리면서도 폐지를 수입해 폐지값 폭락을 부추겼다.

그 후에도 폐지 수입은 계속되었고, 국내 폐지가격은 계속 떨어지고 있다.

제지업체는 국내 폐지의 질이 떨어지고 폐지의 안정적 공급을 위해 폐지 수입이 어쩔 수 없다는 입장이다. 국내 폐지는 반복되는 재활용으로 인해 점차 폐지의 질이 떨어지는 한계가 있음도 사실이다.

폐지 수거업체들은 종이에 환경부담금을 부과하는 방식을 한 가지 해결책으로 제안했다. 다른 모든 공산품엔 환경부담금이 부과되고 있는데, 재활용이 된다는 이유로 종이와 캔 종류에만 환경부담금이 없다는 것이다. 종이에 환경부담금이 부과되면 그 돈으로 폐지를 선별해 고품질의 폐지원료를 공급할 수 있고, 종이값 폭락에서 벗어나 더 이상의 쓰레기 대란이 발생하지 않는다는 것이다.

올바르고 시급한 해결책 마련

—

제2의 쓰레기 대란이 기다리고 있다. 환경부와 서울시와 전국의 지자체가 제대로 대비하지 않으면 제2의 쓰레기 대란은 불 보듯 뻔한 일이 될 것이다. 2018년 4월의 쓰레기 대란은 잠시 스치고 지나간 미풍에 불과하다. 지난 쓰레기 대란은 미봉책으로 넘길 수 있었지만, 앞으로 일어날 대란은 올바른 해결책이 제시되지 않으면 국민들에게 더 큰 고통을 가져올 것이다.

가장 먼저 우리 모두가 쓰레기 발생을 줄이기 위해 노력하는 것이 기본이지만, 쓰레기 감량만으로는 해결에 한계가 있다. 무엇보다 정부의 올바른 대책이 필요하다.

쓰레기 수거 중단이라는 제2의 쓰레기 대란이 발생하기 전에 환경부와 지자체의 대책 마련이 시급하다.

해답은 자연에 있다

사람들이 살아가는 세상에만 쓰레기가 쌓이는 건 아니다. 나무들이 울창한 숲에도 쓰레기가 가득가득 쌓인다. 다만 숲에는 부지런히 쓰레기를 치우는 청소부들이 있어 쓰레기가 우리 눈에 보이지 않을 뿐이다.

나뭇가지마다 가득 달린 잎사귀들은 광합성을 통해 나무에 필요한 영양분을 만들고 산소를 뿜어내는 공장이다. 그러나 가을이 되면 나무에서 떨어져 숲에 쌓여 쓰레기가 된다. 숲은 낙엽뿐 아니라 꽃과 나뭇가지와 동물의 사체 등 다양한 쓰레기를 만들어낸다. 그러나 중요한 것은 그 모든 쓰레기가 다시 자연으로 돌아간다는 사실이다. 어떤 쓰레기도 축적되어 자연에 부담을 주는 경우가 없다.

낙엽은 또 다른 생명체의 먹이가 된다. 지렁이는 땅에 쌓인 낙엽을 먹고 배설하여 흙을 기름지게 한다. 낙엽에 영양가가 있을까 궁금해하는 사람이 많다. 사람들이 채소 잎사귀를 먹고 말린 나무 잎사귀를 귀한 약재로 이용하는 것에서 알 수 있듯 낙엽은 나무가 광합성을 통해 영양분을 저장해놓은 식량창고다. 낙엽은 숲속에 깃들여 살아가는 지렁이와 달팽이와 쥐며느리와 진드기와 톡토기 등을 비롯해 박테리아와 버섯류의 먹이가 되어 다시 땅으로 돌아간다.

제임스 B. 나르디는 《흙을 살리는 자연의 위대한 생명들》(*Life in Soil*, 상상의숲)에서 숲속 낙엽을 분해해 흙을 이롭게 하는 다양한 생물들의 역할과 그 과정을 자세히 설명했다.

지렁이는 낙엽을 굴속으로 끌고들어가 한 끼 식사를 해결한다. 지렁이 똥은 지렁이가 처음 삼킨 흙과 부엽토보다 더 곱고 기름지며 산성도 약해진다. 지렁이 먹이가 창자를 통과하고 나온 분변토에는 식물 뿌리가 흡수할 수 있는 무기질이 많이 들어 있다. 이 무기질은 원래 식물이 이용할 수 없는 형태로 흙이나 식물 잔해, 세균에 들어 있었다. 하지만 지렁이가 먹은 뒤에 식물이 이용할 수 있는 형태로 바뀐 것이다.

달팽이는 날카로운 이가 잔뜩 돋아 있어 치설이라고 하는데, 치설로 잎을 긁어 나온 찌꺼기들이 소화관으로 들어가고, 창자에 있는 다양한 효소들이 잎과 나무의 질긴 섬유질을 부순다. 다지류인 노래기는 식물 잔해, 균류, 조류를 먹으며, 이들이 배설하는 수많은 똥은 부식질과 토양 형성에 쓰인다.

숲의 습기 찬 흙 1제곱미터에는 진드기가 10만 마리에서 40만 마리까지 살고 있다. 날개응애가 먹는 썩어가는 낙엽은 세균과 균류 같은 더 작은 분해자의 무대이기도 하다. 세균과 균류는 썩어가는 낙엽에 저장된 에너지와 영양소 대부분을 이끌어낸다. 진드기의 주특기는 낙엽이나 식물 잔해를 작은 조각으로 부수는 일인 것 같다. 그러면 더 작은 분해자들이

숲에는 낙엽을 비롯해 많은 쓰레기가 쌓이지만, 지렁이와 달팽이 등 수많은 생명들이 이를 분해해 다시 자연으로 돌려보낸다.

손보기 쉬워지고, 미생물의 활동공간도 더 넓어진다. 날개응애는 식욕이 왕성해 자기 몸무게의 20퍼센트 가까운 낙엽을 매일 먹어치운다. 이들이 남기고 간 자그마한 똥은 흙의 부식질이 된다.

유네스코한국위원회는 《한 시민의 쓰레기 연구》(따님, 1996)에서 숲의 쓰레기가 사라지는 일련의 과정을 "삼림의 순환적 경제"라며 "어느 한 식물이나 동물의 쓰레기가 또 다른 식물이나 동물의 먹이 구실을 한다. 삼림은 쓰레기 관리의 순환체계를 개발하여 두 가지의 중요한 구성 요소—부엽토(토양에 구조를 제공하는)와 광물염(식물의 비료 구실을 하는)—를 회복시킴으로써 쓰레기의 누적은 물론 토양의 고갈을 피할 수 있게 해주는 것이다"라고 간결하게 설명하고 있다.

쓰레기 넘쳐나는 인간들의 세상
—

오늘날 우리가 사는 세상에는 쓰레기가 넘쳐난다. 매립장은 포화 상태로 치닫고 있고 결국 쓰레기를 제대로 처리하지 못해 방치된 불법 폐기물이 전국적으로 산을 이루며, 심지어 외국으로 몰래 갖다버리는 일까지 발생했다.

육지에 차고 넘치는 쓰레기가 바다로 흘러들어 바다에도 쓰레기 섬을 이루고 있다. 죽은 고래와 거북과 새와 물고기의 배를 가르면 플라스틱과 비닐이 가득 나온다. 바다에 떠다니는 플라스틱과 비닐을 먹이로 오인해 삼켰으나, 육지에서도 썩지 않는 플라스틱과 비닐이 거북의

바다에 떠다니는 쓰레기에서 먹이를 찾는 갈매기.

위 속에서 소화될 리 없다.

바다 쓰레기의 심각성은 먼 남의 나라만의 일이 아니다. 우리의 바닷가에도 온갖 종류의 쓰레기가 가득하다. 파도에 떠다니는 쓰레기 더미에서 먹이를 찾는 갈매기를 만나는 것은 어렵지 않은 일이 되었다.

남해의 어느 바닷가에서 폐타이어를 얇게 잘라 전선 줄로 엮어 굴을 양식하고 있었다. 조각난 폐타이어에 굴 종패(씨 조개)를 심어 바닷물 속에 넣어두면 거기에 굴이 주렁주렁 달려 자란다. 또 다른 남해의 어느 바닷가에서는 폐타이어를 손가락 마디처럼 길게 잘라 밧줄에 엮었다. 그 길쭉한 폐타이어에는 우리가 홍합이라고 부르는 지중해담치와 멍게를 양식한다.

이보다 더 심각한 것은 스티로폼으로 만든 부표다. 부표 아래 지중해담치가 자라는 폐타이어 조각이 주렁주렁 달려 있을 텐데, 부표는

폐타이어를 잘게 자른 조각을 전선에 엮어 굴을 양식한다.

폐타이어를 길게 잘라 멍게와 지중해담치를 양식한다.

양식을 위해 바다 위에 띄어둔 스티로폼 부표.

삭아 미세플라스틱이 되어 바다로 퍼져나간다. 결국 바다를 오염시키고 우리 입으로 돌아올 것이다.

값싸게 편리함을 누린 결과, 쓰레기가 넘쳐나고 결국 다시 우리에게 돌아오고 있다. 지구에 존재하는 생명체 중 사라지지 않는 쓰레기를 만들어내는 것은 인간뿐이다. 과학의 발달로 인해 인간이 쓰고 버리는 쓰레기들이 자연이 분해할 수 없는 물질로 만들어지며 더 큰 환경재앙을 일으키고 있다. 설사 자연이 쓰레기를 분해한다고 해도 자연이 해결할 수 있는 양을 초과해 쓰레기를 만들어내고 있다. 이제 넘치는 쓰레기는 인류의 생존까지 위협하는 지경이다.

제이 하먼은 《새로운 황금시대》(the shark's paintbrush, 어크로스)에서 "자연은 끊임없이 진화하고, 존속하고, 번창하면서도 그 근거가 되는 자원을 다 써버리거나 위험에 빠뜨리는 일이 없다"며 인간만이 자원을 고갈시키며 쓰레기를 만들어낸다고 지적했다.

특히 그는 "산업혁명 역시 값싸고 풍부한 동력을 중심으로 한 것이었다. 속도를 더 높이고자 한다면 자연에서 더 효율적인 방법을 찾는 것이 아니라 더 많은 연료를 캐내어 달려가면 되었다. 그러한 접근법은 유효한 듯했지만 이내 부작용이 나타나기 시작했다. 공기와 물이 오염되고, 땅이 벌거벗겨지고, 화석연료가 바닥나고, 새로운 공중 보건의 문제와 지구온난화가 등장했다. 자연은 전혀 다른 원리로 움직인다. 생존을 위한 자연의 철칙은 최소한의 자원과 에너지를 이용하는 것이다. 토대가 되는 생태계에 해를 끼치지 않고 생존하고 스스로를 재생하도록 말이다"라며, 자연을 약탈 가능한 자원의 창고로만 여기는 인간들에게 폐기물이 전혀 없고 자원을 균형 있게 이용하며 환경친화적이고 지속가능한 자연에서 배우라고 강조한다.

해답은 자연에 있다. 겸허한 마음으로 자연 속에서 쓰레기 문제의 해결책을 찾아내는 지혜를 발휘해보자.

자연분해되지 않는 쓰레기를 만들어내는 것은 인간뿐이다.

신재생에너지가 아니라 쓰레기 소각이었다

2020년 2월 2일 필리핀 민다나오섬에 불법 수출되었던 제주도 쓰레기가 경기도 평택항으로 돌아왔다. 제주도 쓰레기가 왜 필리핀까지 갔다가 다시 돌아온 것일까?

제주도 봉개 쓰레기 매립장에서 그 이유를 쉽게 찾을 수 있다. 하얀 비닐로 둘둘 만 자루들이 끝없이 쌓여 있다. 저 비닐 안에 무엇이 담겨 있을까? 쓰레기다. 필리핀에서 돌아온 쓰레기에서 보았듯이, 폐비닐과 폐플라스틱 등 온갖 종류의 쓰레기가 담겨 있다.

그동안 우리는 제주도를 청정지역으로 알았다. 그러나 지금 제주도의 현실은 청정함과는 거리가 멀다. 제주도 내에서 발생하는 쓰레기를 매립과 소각으로 다 감당하지 못해 심각한 쓰레기 대란을 겪다가 결국 임시방편으로 쓰레기를 비닐로 감아 쌓아둔 것이다. 그리고 폐기물 처리업자가 싼값에 처리해준다며 이 쓰레기 중 일부를 필리핀으로 불법 수출했던 것이다.

매립과 소각으로 처리하지 못해 비닐로 감아 야적장에 쌓아둔 쓰레기 더미(위 사진: 제주환경운동연합 제공).

청정 제주도에 왜 쓰레기 대란이 발생한 것일까?

최근 제주 거주 열풍으로 2010년 57만 8천 명이던 인구가 69만 2천 명으로 급증했다. 2011-2016년 5년간 제주도를 방문한 관광객이 6400만 명이 넘는다. 덕분에 쓰레기 배출량이 2010년 639톤에서 2015년에 1161톤으로 증가했다. 심지어 제주도의 1인당 하루 생활쓰레기 발생량이 2010년 0.97킬로그램에서 2015년 1.8킬로그램로 두 배 증가했다. 이는 전국 1인당 하루 쓰레기 발생량 평균 0.94킬로그램의 두 배에 해당한다.

제주환경운동연합은 2019년 9월 4일, 제주도 내 12개 쓰레기 매립장 전수조사 결과를 발표하는 기자회견에서 "인구와 관광객의 양적 증가에 매몰된 현재의 정책과 구조를 바꾸지 않으면 쓰레기 문제 해결이 불가능하며, 현재 쌓아놓은 9만 톤의 쓰레기는 계속 늘어날 수밖에 없다"며 제주도의 정책 변화와 제도 개선이 필요함을 강조했다.

연료로 둔갑한 쓰레기

—

"연료인 줄 알았더니 쓰레기가 둔갑했네."

"폐기물이 연료로 둔갑하는 SRF 정부 추진 웬 말이냐!"

"주민의 동의 없는 쓰레기 발전소 몰아내고 자자손손 살아갈 청정마을 사수사자!"

강원도 원주를 비롯해 경기도 여주시·파주시·시흥시·안성시, 충남 예산시·충주시·금산, 경북 대구시·구미시, 전남 나주시 등 전국에서 열병합발전소 건립을 반대하는 주민들이 들었던 현수막에 적힌 구호들이다. 무슨 일이 있기에 '쓰레기가 연료로 둔갑했다'며 열병합발전소 건립을 결사 반대하는 것일까?

지난 이명박, 박근혜 정부에서 환경부는 "매립되거나 단순 소각으로 처리되는 폐기물 중에 에너지 회수가 가능한 물질이 56퍼센트나 포함되어 있어 개선이 시급하다"며 순환이 가능한 자원을 경제활동의 순환계로 되돌려 천연자원과 에너지의 사용을 최소화하는 '자원순환사회'로의 전환 정책이 필요함을 역설했다.

이를 위해 환경부는 소각 또는 매립되던 폐기물 중 가연성 폐기물로 고형연료를 만들어 시멘트공장과 화력발전소 및 열병합발전소, 산업용 보일러 등에 사용할 수 있도록 했고, 쓰레기로 만든 고형연료를 신재생에너지에 포함시켰다.

고형연료의 종류는 제조원료에 따라 일반 고형연료(SRF)와 바이오 고형연료(Bio-SRF), 그리고 압축되는 제조형태에 따라 성형과 비성형으로 나뉜다. 특히 고형연료는 생활폐기물, 폐합성수지, 폐합성섬유류, 폐고무류, 폐타이어 등으로 만들어지고, 바이오 고형연료는 폐지류, 왕겨와 쌀겨 등의 농업폐기물, 폐목재류, 식물성 잔재물 등으로 제조된다.

환경부는 2014년 4월 12일 보도자료를 통해 "고형연료제품의 관리기준이 정립되면 폐자원을 이용한 고형연료제품의 제조 및 사용의 확대로 관련 산업이 활성화되어 연간 8655억 원의 경제적 가치가 창출될 것으로 전망된다"며 "고형연료제품 산업의 활성화와 국가 신재생에너지 보급 목표율 달성을 위해 더욱 노력할 것"이라고 강조했다.

정부의 고형연료 활성화 정책 덕에 고형연료 제조업체가 2010년 50개에서 2013년 171개, 2019년 250개로 급증했다(고형연료 제조시설 165개, 바이오 고형연료 제조시설 85개).

이처럼 폐기물로 제조한 고형연료를 신재생에너지로 지정한 정부 정책의 지원 덕분에 고형연료의 사용량이 급증했고, 2015년 기준 국내 신재생에너지의 65.2퍼센트를 차지했다. 이렇게 신재생에너지라는

종류	제조원료	제조형태	
고형 연료	① 생활폐기물(음식물류 폐기물 제외) ② 폐합성수지류[자동차 파쇄 잔재물(ASR) 제외] ③ 폐합성섬유류 ④ 폐고무류(합성고무류 포함) ⑤ 폐타이어	 성형	 비성형
바이오 고형 연료	① 폐지류 ② 농업폐기물(왕겨, 쌀겨, 옥수수 대 등 농작물 부산물) ③ 폐목재류(철도 폐침목, 전신주 제외) ④ 식물성 잔재물(땅콩껍질, 호두껍질, 팜껍질 등) ⑤ 초본류 폐기물	 성형	 비성형

• 환경부 보도자료(2017. 9. 22).

이름으로 고형연료가 전국의 열병합발전소와 산업용 보일러에 사용되자 환경오염을 우려한 지역 주민들이 직접 나서 반대와 우려를 표명한 것이다.

환경오염을 조장한 정부 정책

—

그동안 신재생에너지라는 이름으로 장려된 폐기물로 만든 고형연료는 풍력 및 태양광과 같은 청정 신재생에너지의 활성화를 저해했고, 쓰레기 소각으로 인한 대기오염 문제를 발생시켰다.

국립환경과학원은 〈고형연료의 배출특성 연구〉(2017. 7. 11)에서

"2015년 기준으로 신재생에너지는 총 13,293천TOE[*]로 전년 대비 15.2퍼센트 증가하였으며, 국내 에너지의 4.66퍼센트를 공급하고 있다. 이 가운데 신재생에너지의 65.2퍼센트가 폐기물이며, 에너지 보급량 또한 2015년 기준으로 전년 대비 56.7퍼센트 급등하여 신재생에너지 가운데 가장 높은 증가율을 나타내고 있다. 태양광, 풍력 등과 같은 신에너지보다 재생에너지인 폐기물 에너지가 급격히 증가하는 것은 궁극적으로 청정연료 사용으로 대기오염물질 발생을 저감하려고 하는 기존 연료정책과 상반된다"며 폐기물에너지화정책으로 인한 청정에너지정책의 왜곡을 지적했다.

또 국립환경과학원은 고형연료를 사용하는 시설의 배출가스를 조사한 결과 허용기준을 초과해 주변 지역에 환경오염을 일으킨다고 지적했다.

고형연료 에너지화 사업이 문제가 되자 문재인 정부 들어 환경부는 2017년 9월 18일, "고형연료제품 환경관리 기준 대폭 강화"를 발표했다. 고형연료제품 제도 개선의 주요 내용은 ①주거지역이 밀집되어 있어 환경 위해성이 높은 수도권, 대도시 지역을 중심으로 고형연료제품의 사용을 제한하고, 산업단지, 광역매립장 등으로 수요처를 전환하며, ②신고제를 허가제로 변경하여 소규모 시설의 난립을 방지하며, ③고형연료제품 품질기준과 사용시설의 배출 기준을 강화한다는 것이다.

2020년 2월 2일 대구지방법원 제1행정부에서 고형연료 열병합발전소를 추진하려던 사업자가 패소하는 판결이 나왔다. 대구시가 산업

---

* TOE(Ton of oil equivalent): 모든 에너지원을 석유 발열량으로 환산한 가상 단위로, 1TOE는 1000만kcal에 해당한다.

단지 내 열병합발전소 허가를 취소하자 사업자는 대구시를 상대로 "산업단지 개발계획 및 실시계획 변경신청 거부처분 취소청구"를 하였으나 법원은 사업자의 청구를 기각하며 그 이유 중 고형연료의 문제점을 다음과 같이 밝혔다.

대구지방법원 제1행정부 판결
사건 2019구합23007

사업자가 대기환경보전법에서 정한 오염물질 발생량 허용기준에 맞춰 이 사건 발전시설에 관한 배출시설 설치허가를 받았고, 배출 허용기준 이내의 대기오염물질만을 배출하기로 계획한 사실이 인정되지만, 이 사건 발전시설에서 사용할 고형연료제품은 고체폐기물 중 가연성 물질을 파쇄, 건조 등의 처리과정을 거쳐 연료화시킨 고체연료를 통칭하는 것으로서, 이러한 고형연료제품을 사용할 경우, 인체에 치명적인 독성을 보유한 다이옥신, 저농도에서도 장기적인 섭취나 노출에 의하여 사람의 건강이나 동식물의 생육에 직접 또는 간접으로 위해를 끼칠 수 있는 중금속 등 특정 대기유해물질, 먼지, 황산화물, 질소산화물 등의 대기오염물질이 배출되는 것으로 알려져 있다.

이 사건 신청지 인근 1킬로미터 이내에 주거지역이 존재하지 아니한다 하더라도, 이 사건 발전시설에서 배출되는 대기오염물질로 인하여 1킬로미터 범위를 넘어선 지역 주민의 건강과 주거·교육 환경 등에 위해를 줄 우려가 없다고 단정하기 어렵고, 지역 주민들이 이와 같은 우려에서 이 사건 신청을 반대한 것이 지극히 부당하다고 보기도 어렵다.

판결문에서 보듯, 고형연료는 모양만 바꾼 쓰레기에 불과하다. 열병합발전소라는 이름을 달았지만 쓰레기 소각에서 발생하는 유해 가스 배출은 달라지지 않는다. 환경오염을 막기 위해 쓰레기 소각에 합당한 배출가스 규제를 해야 마땅했던 정부는 오히려 그동안 배출가스 기준을 완화하는 특혜를 통해 전 국토의 환경오염을 조장해왔던 것이다.

이처럼 잘못은 정부가 했는데 이미 벌어진 잘못된 인허가를 바로잡기 위해 지역 주민들이 사업자와 소송을 진행해야 하는 고통을 겪고 있다.

감사원도 지난 2020년 1월 22일 공개한 감사보고서 〈폐기물 관리 및 재활용 실태〉에서 환경부의 잘못된 정책으로 인해 환경오염이 발생하고 주민들이 고통을 겪게 되었음을 다음과 같이 지적했다.

고형연료 사용시설은 기본적으로 가연성 폐기물 처리를 위해 도입한 시설로, 폐기물 처리 과정에서 소각시설과 마찬가지로 미세먼지, 다이옥신 등 대기오염물질이 배출되는데도 불구하고, 환경부는 고형연료 사용 발전사업자(공공·민간)나 한국환경공단으로 하여금 대기오염물질 측정 자료를 공개하도록 하거나 환경안전성을 공개적으로 검증하도록 하는 제도를 마련하지 않은 채 가연성 폐기물 고형연료화사업을 추진하였다.

또한 환경부는 고형연료 전용 사용시설을 폐기물시설촉진법의 적용대상이 되는 폐기물 처리시설로 지정하거나 이에 상응하는 수준으로 주변 지역 주민을 지원하도록 하는 법적 근거를 마련하지 않은 채 위 사업을 추진하였고, 이에 위 시설은 '발전시설' 또는 '열공급시설' 또는 '집단에너지 공급시설' 등의 법적 지위만을 보유하여 사업자가 수익 창출을 위해 사용할 수 있는 비공공적 성격의 산업시설로 관리됨에 따라 주민에 대한 금전적 지원, 주민 참여 등이 제한되었고, 주민 수용성이 저하되는 문제를 초래하게 되었다.

여러 환경적 부작용을 초래하는 고형연료정책

—

고형연료는 생활폐기물, 폐합성수지, 폐합성섬유류, 폐고무류, 폐타이어 등으로 만들어지는 일반 고형연료와 폐지류, 왕겨와 쌀겨 등의 농업폐기물, 폐목재류, 식물성 잔재물 등으로 제조되는 바이오 고형연료가 있다.

애초 바이오 고형연료의 개발은 국내 산림 간벌에서 발생하는 나무와 폐목재를 에너지화하는 데 그 목적이 있었다. 그러나 2012년 RPS(신재생에너지 공급 의무) 제도가 시행되면서 본래의 취지와 다르게 동남아시아에서 값싸게 수입한 목재 펠릿을 활용하기 시작했다. 특히 석탄 화력발전소들이 수입한 목재 펠릿을 섞어 발전에 사용하며 온실가스와 질소산화물과 먼지 같은 대기오염물질을 배출하고 있다. 나무가 살아 있을 때는 대기 중 이산화탄소를 흡수하지만, 나무를 소각할 때에는 나무에 흡수되었던 이산화탄소를 그대로 배출하기 때문이다. 애초의 '온실가스 감축'이라는 신재생에너지의 목적과 정반대가 된 것이다.

RPS 제도가 시행되면서 2012년부터 최근 6년간 바이오 고형연료를 이용한 발전이 61배 증가했는데, 97퍼센트가 수입이었다. 재생에너지보조금이 사실상 해외로 유출되고 있는 실정이다.

사단법인 기후솔루션은 〈바이오매스가 기후변화를 막을 수 있을까? 한국 바이오매스정책의 현주소와 문제점〉에서 바이오 고형연료를 이용한 "바이오매스 발전은 기후변화 대응과 대기오염 문제 해결에 도움이 되지 않고 오히려 여러 환경적 부작용을 초래하며, 태양광과 풍력 같은 건전한 재생에너지사업의 경제성을 떨어뜨리고, 바이오매스 생산 과정에 삼림벌채와 산림 황폐화가 발생하여 주 수출국인 베트남 등의 동남아시아의 산림생태계 파괴가 우려되며, 연소 과정에 석탄발전보다 더 많은 온실가스를 배출하여 화석연료의 대안이 될 수 없다"고 강조했다.

고형연료 제조업체들을 돌아보았다. 입구에 '나무 받습니다. 폐목재, 폐가구, 엠디에프, 씽크대, 다 받습니다!'라고 씌어 있는 간판이 세워진 업체 안쪽에는 폐가구부터 씽크대류까지 온갖 종류의 폐목재가 가득했다. 다른 업체도 마찬가지였다. 시민들이 환경오염을 우려하는 이유가 바로 이 때문이다. 순수한 목재가 아닌 폐가구로 만든 고형연료는 환경오염물질을 배출하기 때문이다.

그동안 환경부가 고형연료정책을 추진한 데에는 "외국도 폐기물로 고형연료(SRF)를 만들어 에너지로 사용한다"는 배경이 있었다. 그러나 '고형연료'(SRF, Bio-SRF)라는 이름은 같지만 내용을 좀 더 깊이 들여다보면 큰 차이가 있다. 한국의 고형연료(SRF, BIO-SRF)란 'Solid Refuse Fuel'과 'Biomass-Solid Refuse Fuel'의 약자로서, 'R'은 쓰레기(refuse)를 말한다. 그러나 유럽·미국·일본 등에서 사용하는 'R'은 "연료로 복원되거나 선별된(recovered) 것"을 의미한다.

고형연료 제조업체 입구에 세워져 있는 안내문.

고형연료 제조 현장엔 온갖 폐가구로 가득하다.

고형연료를 제작하기 위해 쌓아둔 폐기물들의 성상이 그 차이를 쉽게 설명해준다. 국내 고형연료 제조에 사용되는 폐기물은 선별이 거의 이뤄지지 않은 혼합 폐기물이지만, 외국은 유해성이 낮은 폐기물을 선별해 제조함으로써 SRF 제품의 안정성과 균질성을 확보한다. 제품의 성상이 일정하니 배출가스에 대한 대기오염 저감에도 효과적으로 대응할 수 있다. 그러나 한국의 고형연료는 폐기물의 성상이 일정하지 않아 배출가스의 발생 또한 일정하지 않고, 이에 대한 저감장치 운영 또한 어렵다.

경기도 여주시도 고형연료 시설 건립 문제로 갈등을 겪고 있는 도시 중 하나다. 이항진 여주시장이 일본의 폐기물 고형화 연료 제조시설 견학을 위해 2019년 5월 21일 구마모토 지역의 '에코포트 규슈 공장'을 방문했다. 일본은 선별한 가연성 폐기물로 고형연료를 제조하고, 유해물질에 대한 엄격한 생산 및 법적 관리를 하고 있음에도 주민 거주지 인근에 소재한 공장이 없었다. 폐기물 선별도 하지 않고 배출가스 관리도 제대로 하지 않으면서 시민들의 거주지 인근에 무분별하게 제조시설을 허가해온 한국과는 차이가 많았다.

국내 고형연료는 각종 유해성 폐기물이 혼합된 것을 단순한 선별과 파쇄 과정을 거친 것에 불과했다. 결국 신재생에너지라는 이름으로 환경적 전처리 절차 없이 유해 쓰레기를 소각해온 것이다.

국립환경과학원이 〈고형연료 사용시설 관리기준〉(2013. 4)에 발표한 "시설별 오염물질 발생량 측정결과"에 따르면, 고형연료 사용시설이 소각시설이나 LNG 보일러보다 환경오염물질을 다량 배출하는 환경유해시설임을 알 수 있다.

시설별 오염물질 발생량 측정 결과

구분	연료 사용량	오염물질 발생량(킬로그램/day)			
		먼지	SOx	NOx	HCI
고형연료 사용시설		668.16	37.44	48.19	67.01
소각시설	19.2톤	241.92	33.22	23.81	61.44
LNG 보일러		0	43.97	0.12	0

* 국립환경과학원, 〈고형연료 사용시설 관리기준〉(2013. 4).

제주도는 대한민국의 축소판

—

신재생에너지라는 이점 때문에 고형연료 제조업체가 급격히 증가했다. 그러나 정부가 뒤늦게 고형연료의 문제점을 깨닫고 고형연료 사용 발전시설에 부여하던 신재생에너지 공급인증서 가중치를 제외시켰다. 그에 따라 고형연료 공급처가 줄어들었고, 그 결과 제조업체들마다 방치한 폐기물이 증가하게 되었다. 현재 환경부가 집계한 전국의 방치·투기 폐기물이 120만 톤인데, 재활용업체에 쌓아두고 처리하지 못하는 누락된 폐기물량도 많다.

몇몇 언론은 전국에 쌓여 있는 쓰레기 산이 고형연료에 부여하던 신재생에너지 공급인증서 가중치를 문재인 정부가 삭제했기 때문이라고 비판하기도 한다. 그러나 전국의 쓰레기 산은 2017년 문재인 정부의 고형연료 환경관리 강화 이전에 이미 진행되고 있던 일이다. 그동안 고형연료 제조에 많은 비용이 들었고 그 투자자금을 회수하기 위해 생산능력을 초과해 무분별하게 폐기물을 반입한 업체가 많았다. 특히 유가 하락으로 경쟁력을 잃자 고형연료 판로에 어려움이 발생했고, 급증하는 고형연료 제조시설에 비해 제조된 고형연료를 사용하는 시설이 부족하여 고형연료의 가격 하락은 물론 정상적인 판매도 어려웠다. 결국 판로를 잃은 폐기물이 사업장 내에 쌓여 폐기물 방치 문제가 오늘까지 이어온 것이다.

쓰레기 대란을 겪고 있는 제주도는 대한민국의 축소판에 불과하다. CNN이 2019년 3월 의성의 쓰레기 산을 보도했지만, 지금 의성만이 아니라 전국 곳곳에 120만 톤이 넘는 불법 쓰레기 산이 방치되어 있고, 재활용업체마다 처리하지 못한 폐기물이 넘쳐나고 있다.

2018년 중국이 플라스틱 수입을 중단하자 전국에서 쓰레기 대란이 발생했다. 그러나 중국의 쓰레기 수입 중단은 국내 쓰레기 대란의 한 원인일 뿐 근본 원인이 아니다. 중국의 쓰레기 수입 금지조치 훨씬 이전부터 전국 곳곳에 불법 방치 쓰레기가 쌓여왔기 때문이다. 그동안 언론이 무관심했고 국민들이 그 사실을 몰랐을 뿐이다.

이제는 산적한 쓰레기를 치우기 위해 쓰레기에 에너지의 탈을 씌워 환경오염을 조장해온 잘못된 정책을 중단하고 올바른 해결책을 찾아야 한다. 물론 문제 해결의 첫걸음은 쓰레기 발생량을 줄이는 것에서부터 시작된다. 그 다음 이미 발생한 쓰레기에 대한 현명한 처리방법을 찾는 것이 필요하다.

제주대학교 김일방 교수는 〈제주의소리〉에 기고한 "쓰레기 대란 해소의 출발, 오는 대로 받는 인구 유입 문제"(2020. 1. 24)에서 쓰레기 대란을 넘어설 수 있는 대안으로 쓰레기 제로를 목적으로 한 비 존슨의

'5R운동'을 제안했다.

'5R'이란 ①필요하지 않은 것은 거절하기(Refuse) ②필요하며 거절할 수 없는 것은 줄이기(Reduce) ③소비하면서 거절하거나 줄일 수 없는 것은 재사용하기(Reuse) ④거절하거나 줄이거나 재사용할 수 없는 것은 재활용하기(Recycle) ⑤그러다 남은 것은 썩히기(Rot)이다. ①, ②단계는 쓰레기 발생을 막아주며, ③단계는 신중한 소비, ④, ⑤ 단계는 폐기물 처리를 다루고 있다는 것이다.

그동안 정부는 쓰레기 재활용을 위해 고형연료라는 탈을 입힘으로써 환경오염 문제를 발생시켰다. 그러나 김일방 교수는 재활용에만 초점을 두는 정책은 쓰레기 문제 해결에 제한적일 수밖에 없다며 재활용 이전에 '감량'과 '재사용'이 우선해야 한다고 강조했다. 특히 재활용률이 높다고 자원순환형 사회가 만들어지는 것은 아니며, 재활용이 능사가 돼버리면 소비자들은 재활용 대상이니 맘껏 버리거나 생산하고 판매해도 무방하다는 생각을 하게 되어 결국 쓰레기를 양산하는 대량소비의 책임을 회피하는 부작용이 발생할 수 있다고 말한다.

오늘의 쓰레기 대란은 쓰레기를 배출하는 시민들과 이를 제대로 해결하지 못한 정부 모두의 책임이다. 쓰레기를 최대한 적게 배출하고, 배출된 쓰레기는 올바르게 처리하기 위해 우리 모두 지혜를 모아야 할 때다.

2장

수도권 매립지 수명에 대한 고민

매립지 수명, 끝나간다

혹시 우주 정거장일까? 바둑판 모양의 땅이 끝없이 펼쳐져 있다. 여기는 수도권 매립지, 서울시와 경기도 그리고 인천시에서 발생하는 쓰레기를 매립하는 곳이다. 그동안 반입된 쓰레기를 산성처럼 쌓아 올리고 흙으로 덮어 매립이 종료된 수도권 제2 매립장 모습이다. 저 안에 얼마나 많은 쓰레기를 쌓아 올린 것일까? 나 역시 10여 년간 서울과 경기도에 살았으니, 내가 버린 쓰레기도 많은 부분을 차지하고 있을 것이다.

조만간 서울과 경기도 및 인천에 사는 사람들에게 엄청난 쓰레기 대란이 발생할 수 있다. 수도권 매립지 수명이 2025년으로 이제 5년도 채 남지 않았기 때문이다. 1992년부터 쓰레기 매립을 시작해 2000년 10월 매립 종료된 제1 매립장은 이미 골프장으로 변신했고, 제2 매립장은 2018년 10월 매립 종료되었으며, 103만 제곱미터(31만 평) 규모의 제3 매립장을 2018년부터 사용 중인데, 사용 기한은 2025년 8월이다.

쓰레기가 거대한 높이로 쌓여 있는 수도권 제2 매립장. 저 뒤로 현재 매립 중인 제3 매립장과 경인운하, 인천 앞바다가 보인다.

	제1 매립장	제2 매립장	제3 매립장
매립 면적	251만 제곱미터	262만 제곱미터	83만 제곱미터
매립 기간	1992. 2-2000. 10.	2000. 10-2018. 10.	2018. 10-2025. 8.
매립 용량	6425만 톤	8018만 톤	1819만 톤

새로운 매립지 조성에 필요한 시간

—

수도권 제3 매립장은 하루 1만 2천 톤의 쓰레기 반입을 예상하여 사용 기간을 2025년 8월로 잡았다. 그러나 설계용량보다 더 많은 하루 1만 3천 톤의 쓰레기가 반입되면서 사용 종료기한이 앞당겨져 2024년 11월이면 매립장이 포화상태에 이를 것으로 예상된다.

현재 수도권 매립지는 서울시와 경기도 및 인천시 등 수도권 64개 시·군·구가 폐기물을 반입하고 있으며, 1일 반입되는 1만 3천 톤의 쓰레기 중 서울시가 42퍼센트, 경기도 39퍼센트, 인천시가 19퍼센트를 차지하고 있다.

수도권 제2 매립장을 사용하던 지난 2015년 6월, 환경부와 서울시, 경기도, 인천시는 매립지 문제 해결을 위해 4자 합의를 했다. 지금의 수도권 매립지가 아닌 새로운 매립지를 확보하는 조건으로 제3 매립장을 2025년까지 사용한다는 내용이었다. 그러나 합의 이후 4년이 넘는 시간이 흘렀지만 대체 매립지 조성은 고사하고 매립지 선정조차 하지 못하고 있다.

특히 서울시와 경기도와 인천시는 새로운 매립지 조성에 필요한

오늘도 쓰레기를 실은 차량이 끝없이 밀려들고 있다.

비용 1조 2500억 원의 절반을 국고에서 지원해줄 것을 환경부에 요청했지만, "폐기물 처리는 지자체 소관"이라는 환경부의 입장으로 인해 4자 협의는 더 이상 진전이 없는 상태다.

　새로운 매립지를 조성하기 위해서는 많은 시간이 필요하다. 입지선정위원회 구성과 입지 후보지 타당성조사 및 환경영향평가를 통한 최종 입지 선정까지 1년, 매립지 실시설계 2년, 공사기간 3~4년 등 최소 7년이 필요하다고 전문가들은 말한다. 여기에 매립지 예정 지역 주민들의 반대가 있으면 새로운 매립지 조성은 언제 가능할지 기약조차 할 수 없다.

　새로운 매립지를 조성하려면 최소 7년이 넘는 시간이 필요한데, 쓰레기 매립량 폭주로 사용 종료가 앞당겨진 2024년 11월까지는 5년도 남지 않았다.

기형적인 도시 서울

—

발등에 불이 떨어진 곳은 서울시다. 서울시는 1978년부터 1993년까지 난지도 매립지를 사용하다 난지도 매립이 종료된 이후 수도권 매립지에 폐기물을 반입해왔다. 서울시는 수도권 매립지 폐기물 반입량의 42퍼센트에 이르는 많은 쓰레기를 배출하면서도 쓰레기를 자체 처리할 곳이 하나도 없는 기형적인 도시다.

특히 인천시는 2025년 이후 더 이상의 수도권 매립장 연장은 없다고 공언한 상태다. 대체 매립지 선정이 늦어지자 인천시와 경기도는 별도의 합의를 통해 "새 매립지는 소각재 및 불연재 폐기물만을 최소 매립하고, 공동 대체 매립지 조성이 지연되거나 조성된 후에도 폐기물은 발생지 처리 원칙에 따라 지자체별로 처리하도록 노력한다"고 발표했다.

쓰레기 매립장이 들어서는 것에 반대하는 주민들. 전국 어디서나 쉽게 볼 수 있는 모습이다.

따라서 수도권 매립지에 가장 많은 쓰레기를 매립하면서도 서울시 안에 매립지를 만들 수 있는 땅이 없는 서울시가 가장 어려운 상황이 되었다. 서울시 안에 4개의 쓰레기 소각장이 운영되고 있지만, 그것으로 1천만 서울 시민이 배출하는 모든 폐기물을 처리할 수는 없다. 또 소각장을 신설하고 싶어도 주민들의 반대로 어려운 상황이다. 쓰레기 대란이라는 악몽이 현실이 되기 전에 서울시의 전향적인 대책 마련이 시급한 상태다.

골프장으로 변신했어도

—

초록 잔디가 드넓게 펼쳐진 골프장. 사실은 1992년부터 2000년까지 서울시와 경기도, 인천시의 폐기물을 매립한 후 현재 골프장으로 운영하고 있는 수도권 제1 매립장이다. 계단식으로 산성처럼 쌓아 올린 골프장 울타리가 그 잔디 밑에 엄청난 쓰레기 산이 숨어 있음을 웅변해준다. 이전엔 쓰레기 매립장이었지만 지금은 골프장으로 변신했으니 좋은 것 아니냐고?

최근 수도권매립지공사는 매립장 사후 관리비용이 추가로 1300억 원 필요하다고 발표했다. 서울시와 경기도, 인천시는 1300억 원의 재원을 마련하기 위해 고민에 빠졌다. 이미 매립이 종료되어 보기에도 시원한 골프장으로 변신했는데, 왜 1300억 원이라는 엄청난 관리비가 필요한 것일까?

그동안 수도권매립지공사는 매립장의 법정 의무사후관리기간인

골프장으로 변신한 수도권 제1 매립장. 뒤편으로 매립이 종료된 제2 매립장과 현재 사용 중인 제3 매립장이 보인다.

20년 동안 필요한 사후관리기금 2058억 원을 적립해두었었고, 제1 매립장의 법정 사후관리기간은 2020년 9월이며, 현재 남은 관리기금은 약 170억 원에 불과하다.

그런데 최근 수도권매립지공사가 서울과학기술대에 의뢰해 제1 매립장 안정화에 대한 조사를 벌였다. 그 결과 COD(화학적산소요구량)가 기준치보다 2배 이상 초과 검출되었고, 5퍼센트 미만이어야 할 매립 폐기물 유기물 함량도 약 17퍼센트로 조사되는 등 환경부 지침에 따른 사후관리 종료기준을 충족하지 못했다. 특히 COD가 기준치 이내로 검출될 시점이 앞으로도 19년 뒤인 2039년부터라는 연구 결과가 나왔다. 이를 방치할 경우 침출수 등으로 인한 환경오염이 우려되어 추가 관리가 불가피해졌고, 2039년까지 추가 사후관리를 위해 1300억 원의 비용이 더 필요하다는 것이다. 이곳에 쓰레기를 버린 도시가 서울시와 경기도와 인천시니 이 비용을 그들이 부담해야 하는 것은 당연하다.

우리의 변화가 요구된다

—

종량제 봉투에 담아 집 앞에 쓰레기를 내놓으면 쓰레기 수거 차량이 가져간다. 내 눈앞에서 쓰레기가 사라졌으니 우리는 쓰레기를 치웠다고 생각한다. 그러나 우리 눈에 보이지 않는 것일 뿐 쓰레기가 사라진 것은 아니다. 내 손을 떠난 쓰레기는 다른 곳에서 새로운 환경문제를 발생시킬 뿐만 아니라 쓰레기가 안정화되는 오랜 시간 동안 환경오염 예방을 위해 막대한 예산을 필요로 한다.

넘치는 소비와 풍요의 경제는 쓰레기를 양산하고 최종 결과는 매립장이다. 그동안 쓰레기 매립장은 우리에게 쓰레기가 사라졌다는 환상을 갖게 해주었다. 지속가능하지 않은 우리의 삶을 당연한 것으로 여기게 해온 것이다.

내 눈앞에서 사라진 것 같았던 쓰레기가 사실은 매립장이라는 거대한 쓰레기 무덤을 만들고 있었다. 게다가 이 쓰레기 무덤도 수명을 다해가고 있다. 더 이상 만들 곳이 없다. 내가 버린 쓰레기가 매립장의 쓰레기 무덤으로, 전국에 불법으로 쌓여가는 쓰레기 산으로, 바다에 떠도는 쓰레기로 아우성치고 있다.

에드워드 흄즈는 그의 책 《102톤의 물음》에서 쓰레기의 주인이 바로 우리라고 지적한다.

플라스틱은 지구 온난화와는 무척 다른 문제이다. 지구 온난화에 관해서는 실제로 그것이 존재하는지 그리고 실제로 존재한다면 과연 인간이 원인인지 아닌지에 대해 정치인들이 나름의 주장을 펼칠 여지가 있다. 하지만 누가 바다를 플라스틱 스프로 바꾸고 있는지 그리고 무엇이 그렇게 만들고 있는지에 관해서는 실제로 갑론을박할 여지가 없다. 플라스틱은 전적으로 인간이 만든 물건이기 때문이다. 플라스틱은 모두 우리가 만든 것이고, 그것이 바다에 들어가는 방식은 세 가지가 있다. 사고, 부주의, 고의적 투기.

"그건 우리 거예요. 우리가 만들었으니 우리 것이지요."

쓰레기를 만들어내는 오늘 우리의 삶을 돌아봐야 할 때가 되었다.

에드워드 흄즈는 "모든 쓰레기가 불가피한 것이 아니라 하나의 선택일 가능성, 즉 해악인 동시에 기회일 가능성을 제시해준다"며 우리에게 앞으로 "어떻게 할 것인가?"라고 질문을 던진다.

수도권 매립지의 수명이 다하고 있다. 그 문제의 해결은 환경부와 서울시와 경기도와 인천시의 책임자들이 할 것이다. 그러나 그들만의 책임이 아니라는 것을 알아야 한다. 바로 우리가, 내가, 그곳에 쓰레기를 버렸기 때문이다.

매립지 수명, 연장할 수 있을까?

현대인을 소비자라고 이야기한다. 물건을 소비한다는 것은 소비한 만큼 한정된 지구 자원을 사용하고, 소비한 만큼 쓰레기가 발생함을 뜻한다. 결국 소비자란 쓰레기를 만드는 사람이요, 지구를 갉아먹으며 지구 환경을 파괴하는 사람임을 의미한다. 이제 우리의 소비가 지구를 아프게 한다는 생각의 전환을 해야 할 때다.

서울시와 경기도와 인천시가 사용하는 수도권 매립지가 2025년 종료 예정되어 새로운 매립지를 찾아야 한다. 하지만 새로운 폐기물 매립장을 건설하면 쓰레기 문제가 모두 해결되는 것일까? 게다가 서울시엔 쓰레기 매립장을 지을 땅이 단 한 곳도 없다. 경기도와 인천시 역시 새로운 매립지를 찾는 것이 쉬운 일이 아니다. 서울과 경기도와 인천뿐만 아니라 전국 모든 지자체마다 새로운 쓰레기장을 건설하려면 지역 주민들과 심각한 갈등을 겪어야 한다. 어느 주민도 자기 마을로 유해시설이 들어오는 것을 원치 않기 때문이다.

쓰레기 매립이 종료된 수도권 제2 매립장.

　새로운 매립장을 건설한다고 해도 시간이 흐르면 매립장은 포화상태가 될 것이고, 또다시 새로운 매립장을 찾아나서야 한다. 당장 쌓여가는 쓰레기를 처리해야 하니 새로운 매립장을 건설하는 것도 중요하지만 그러나 더 우선해야 할 일이 있다. 가장 먼저 쓰레기 발생을 줄여야 하며, 발생한 쓰레기를 친환경적으로 재활용할 기술과 방법을 개발해야 한다. 그 다음 최소한의 쓰레기를 소각하고 매립해야 하는 것이다.

　에드워드 흄즈는 《102톤의 물음》에서 "물건이 쓰레기 산에 묻혀 종말을 고하기 전에 그것에서 가치를 뽑아내는 것이 환경적인 측면에서나 경제적인 측면에서 모두 이익"임을 알면서도 "우리는 그 일을 완수하기는커녕 아직도 그것의 실행에 관해 이야기하고 있다"며 안일한 쓰레기 대책을 지적했다.

인천시와 경기도는 "중앙 정부가 생산·유통 단계부터 원천적으로 폐기물 발생을 줄이는 정책을 추진해야 한다"며 "새로운 수도권 매립지의 조성에 환경부가 적극적으로 나서라"며 목소리를 높이고 있다. 그러나 환경부는 앞에서 말했듯이 "쓰레기 처리는 지자체 소관"이라는 입장이다. 막대한 예산이 소요되는 새로운 매립지 조성에 정부와 해당 지자체가 서로 책임을 떠넘기며 시간만 흘러가고 있다.

수명 연장을 위한 고육책

—

결국 매립장 수명을 연장하기 위한 고육책으로, 반입되는 폐기물량을 줄이기 위한 대책 마련에 나섰다. 수도권매립지공사는 그동안 무료로 버려오던 연탄재에 대해 2020년 7월부터 다른 생활폐기물의 반입 단가와 동일한 '1톤당 7만 56원'의 수수료를 부과하기로 했다. 또 폐기물 증가로 조기 포화가 우려되자 환경부와 3개 시·도는 2020년부터 수도권 매립지에 들어오는 생활쓰레기의 양을 지자체별로 제한하는 반입총량제에 합의했다.

'반입 폐기물량 제한'이란, 2018년 생활폐기물 배출량 기준 10퍼센트를 줄이는 것이다. 이를 지키지 못하는 지자체는 일정 기간 수도권 매립지에 쓰레기를 반입할 수 없다. 서울시는 3만 1천톤, 인천은 1만 1천 톤, 경기도는 3만 6천 톤을 감축해야 한다. 지자체별 할당된 반입량을 초과하면, 초과분에 대해 2021년에 현재 생활폐기물 1톤당 반입수수료인 7만 56원의 2배인 14만 112원을 지불해야 한다. 그뿐 아

날마다 쓰레기로 채워져가는 쓰레기 매립장.

니라 쓰레기 반입도 5일간 정지되어 쓰레기 수거가 중단되는 '쓰레기 대란'의 고통도 감내해야 한다.

반입총량제가 실시되자 지자체마다 비상이 걸렸다. 서울시는 쓰레기 배출을 줄이기 위해 자치구별 재활용 선별장 시설 개선과 신·증설을 지원하고, 장기적으로는 서울시 안에 쓰레기 소각장을 추가 건립하려 하지만 주민 반대로 쉽지 않은 상황이다. 현재 서울시는 강남구 일원동, 노원구 상계동, 마포구 상암동, 양천구 목동 등 네 곳에 쓰레기 소각장을 운영하고 있다. 서울시가 쓰레기 소각장을 추가로 건립하기 위해 후보지 공모를 두 차례나 했지만, 이에 응모한 자치구는 한 곳도 없었다.

경기도는 용인시에 재활용 쓰레기 선별장을 새로 설치할 예정이고, 인천시는 쓰레기봉투 가격을 올리는 방안을 검토하고 있다. 이처럼 수도권 매립지의 수명 연장을 위해 다양한 대책을 짜내고 있지만 매립지 수명이 연장된다는 보장은 없다. 폐기물 반입총량제가 소각 등의 중간 처리를 하지 않고 직매립하는 생활폐기물만을 대상으로 했기 때문이다. 반입총량제가 생활폐기물 배출량을 줄여야 하는 지자체와 시민들에게는 큰 부담이지만, 사실 수도권 매립지에 반입되는 총 폐기물 중 생활폐기물의 비중은 2018년 기준 겨우 18.9퍼센트에 불과하다. 18.9퍼센트 중 10퍼센트를 감축한다고 수도권 매립지의 수명이 얼마나 연장될까?

매립지 수명 연장을 위한 진짜 대책은?

—

수도권 매립지에 반입되는 폐기물은 생활폐기물만이 아니다. 사업장폐기물과 건설폐기물도 포함된다. 수도권 매립지에 반입되는 폐기물의 종류와 반입량을 알면 매립지 수명 연장을 위한 진짜 폐기물 감량 대책을 찾을 수 있다.

'수도권 매립지 반입 폐기물 현황'(90쪽 표)에 따르면, 건설폐기물의 매립지 반입량이 2015년 51.78퍼센트에서 2018년 49.78퍼센트로 감소했고, 사업장폐기물의 반입량이 2015년 31.26퍼센트에서 2018년 29.5퍼센트로 감소한 반면, 지자체가 관리하는 생활폐기물 반입량은 2015년 12.7퍼센트에서 2018년 18.9퍼센트로 급격히 증가했다. 그 원인은 1인 가구 증가와 배달문화의 발달 및 온라인 쇼핑 증가 등으로 인한 포장재가 늘었기 때문이다.

수도권 매립지 반입 폐기물 현황

(단위: 톤)

구분	2015년	2016년	2017년	2018년
총 반입량	3,664,832	3,603,752	3,683,882	3,740,957
건설폐기물	1,897,632 (51.78%)	1,765,183 (48.98%)	1,930,422 (52.40%)	1,862,383 (49.78%)
사업장폐기물	1,145,512 (31.26%)	1,172,161 (32.53%)	1,104,587 (29.99%)	1,103,488 (29.50%)
생활폐기물	465,061 (12.7%)	528,795 (14.7%)	567,411 (15.4%)	705.985 (18.9%)

* 수도권매립지공사.

그러나 생활폐기물의 반입량이 증가했어도 매립지에 반입되는 총 폐기물량 중 18.9퍼센트에 불과하다. 수도권 매립지에 반입되는 폐기물의 절반인 49.78퍼센트는 건설폐기물이고, 30퍼센트 정도는 사업장폐기물이다. 그러므로 수도권 매립지의 수명을 연장하는 방법은 간단하다. 반입 폐기물의 49.78퍼센트를 차지하는 건설폐기물과 30퍼센트에 해당되는 사업장폐기물의 반입량을 줄이는 것이다.

매립장 반입 쓰레기의 약 50퍼센트를 차지하는 건설폐기물과 30퍼센트를 차지하는 사업장 폐기물에 대한 대책 없이는 매립지 수명을 연장할 수 없다.

건설폐기물 처리가 관건이다

폐기물관리법 제2조에서는 폐기물을 "쓰레기, 연소재, 오니, 폐유, 폐산, 폐알카리, 동물의 사체 등 사람의 생활이나 사업활동에 필요하지 않게 된 물질"이라고 정의한다. 또 폐기물은 생활폐기물과 사업장폐기물로 분류되며, 사업장폐기물은 다시 사업장일반폐기물, 건설폐기물, 지정폐기물로 분류된다. 이 중 건설폐기물은 토목과 건설공사 등에서 5톤 이상 배출되는 폐기물을 말하며, 인테리어와 집수리 등으로 배출되는 5톤 이하의 폐기물은 콘크리트와 벽돌 등이 함유되어 있어도 생활폐기물로 분류된다.

환경부 통계에 따르면 2017년 전국에서 1일 발생하는 폐기물 41만 4626톤의 12.9퍼센트인 5만 3490톤이 생활폐기물이고, 사업장폐기물은 16만 4874톤으로 39.8퍼센트, 그리고 건설폐기물이 19만 6262톤으로 47.3퍼센트를 차지하고 있다. 전국 폐기물 발생량의 절반을 차지하는 건설폐기물의 처리가 얼마나 중요한지 알 수 있다.

폐기물 발생량 변화추이

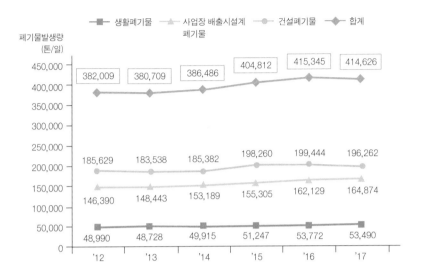

■ 생활폐기물   ▲ 사업장 배출시설계
폐기물   ● 건설폐기물   ◆ 합계

폐기물발생량
(톤/일)

382,009   380,709   386,486   404,812   415,345   414,626

185,629   183,538   185,382   198,260   199,444   196,262

146,390   148,443   153,189   155,305   162,129   164,874

48,990   48,728   49,915   51,247   53,772   53,490

'12   '13   '14   '15   '16   '17

폐기물 종류별 구성비율

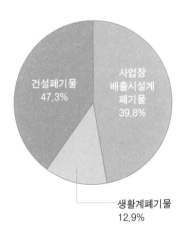

건설폐기물
47.3%

사업장
배출시설계
폐기물
39.8%

생활계폐기물
12.9%

경북 의성의 쓰레기 산에는 플라스틱류만이 아니라 건설폐기물 잔재물도 섞여 있다.

CNN이 2019년 3월에 보도한 경상북도 의성의 쓰레기 산을 자세히 살펴보면, 폐플라스틱과 폐비닐을 비롯해 폐전선, 천 쪼가리, 이불, 목재 등 온갖 잡동사니가 다 섞여 있다. 산업폐기물뿐만 아니라 건설폐기물의 잔재물도 혼합되어 있는 것이다. 재건축 현장에서 발생하는 건설폐기물은 분리 철거가 이뤄지지 않기 때문에 폐콘크리트와 폐벽돌뿐만 아니라 옷과 이불과 목재 등 다양한 종류의 폐기물이 섞여 있다. 건설폐기물 중간 처리업체에서 폐콘크리트와 폐벽돌 등을 선별 파쇄해 순환골재로 재활용하더라도 폐플라스틱과 헌 옷과 이불 등의 가연성 폐기물이 남게 된다. 의성의 쓰레기 산은 소각장으로 가야 할 건설폐기물 잔재물까지 방치해둔 것이다.

발생 쓰레기의 절반은 건설폐기물

—

우리는 폐기물을 흔히 페플라스틱과 페비닐류라고 생각하지만 전국의 폐기물 발생량의 절반은 건설폐기물이 차지하고 있다. 특히 정부가 2018년 11월 29일에 발표한 "불법 폐기물 근절 대책: 방치·불법 투기 폐기물 발생 예방 및 처리대책"에 따르면, 방치·불법 투기 폐기물 중 폐합성수지(12.3퍼센트), 사업장폐기물(4.2퍼센트), 오니(2.6퍼센트), 기타(1.1퍼센트) 순이고, 건설폐기물이 무려 79.9퍼센트로 가장 큰 비중을 차지하고 있다. 건설폐기물의 처리가 중요함을 보여주는 것이다.

전국에서 유행처럼 진행되고 있는 재건축과 재개발로 인해 건설폐기물이 다량 발생해 불법 투기 폐기물의 대부분을 차지하고 있을 뿐만 아니라 쓰레기 매립장의 수명을 단축시키는 가장 큰 요인이 되고 있다.

그러므로 수도권 매립지의 수명을 연장하는 길은 폐기물의 발생량을 줄이는 방법과 이미 발생한 폐기물을 매립이 아니라 재활용하는 방법을 찾는 것이다. 도심 재정비로 인한 재건축과 재개발을 막을 수만은 없으니, 건설폐기물의 발생량을 감축하는 것은 그리 쉽지 않다. 그러나 발생한 건설폐기물을 환경에 부담을 주지 않고 올바로 처리하는

전국의 방치·불법투기 폐기물 비율

	건설폐기물	폐합성수지	사업장폐기물	오니	기타
비율(%)	79.9	12.3	4.2	2.6	1.1

* 불법 폐기물 근절 대책: 방치·불법투기 폐기물 발생 예방 및 처리대책(2018. 11. 29).

KTX 광명역사 인근 공터에 불법으로 버려진 건설폐기물.

전국 곳곳에 불법으로 버려진 건설폐기물.

방법은 찾을 수 있다. 건설폐기물은 콘크리트가 주를 이루기 때문에 다른 폐기물에 비해 유해성이 높지 않을 뿐만 아니라 분쇄를 통해 골재와 모래로 분리해 재사용할 수 있기 때문이다.

3장

마구잡이식 골재 채취 문제

모래와 자갈이 사라졌다

전 세계에서 관광객이 찾아오는 로마 건축의 상징인 원형경기장 콜로세움. A.D. 72년 베스파시아누스 황제 때 공사가 시작되어 8년 만인 A.D. 80년에 티투스 황제가 완공했다. 콜로세움은 최대지름 188미터, 최소지름 156미터, 둘레 527미터, 높이 57미터의 4층으로 된 타원형 건축물로, 관람석은 4만 5천 개이고 최대 8만 명까지 입장 가능했다고 한다.

로마 건축의 상징인 콜로세움.

오래전에 이 놀라운 건축이 어떻게 가능했을까? 바로 '콘크리트'라는 건축 재료가 있었기 때문이다. 세계 최초의 콘크리트 건축은 로마인들이 발명했다. 생석회에 화산재인 포졸란과 화산암의 일종인 골재를 혼합한 일종의 콘크리트를 만들어냄으로써 콜로세움이라는 놀라운 원형경기장 건축이 가능했던 것이다.

건축의 기초 재료

—

오늘도 쑥쑥 올라간다. 마치 서로 먼저 하늘을 점령하려 경쟁하는 듯 오르고 또 올라간다. 사방을 둘러봐도 보이는 것은 콘크리트 아파트 숲이다. 좀 더 크고 좀 더 편리한 새집에 살기 위해 오늘도 아파트 숲은 하늘 높이 자라고 있다. 햇빛이 들지 않고, 바람도 통하지 않고, 하늘이 보이지 않아도 상관없다.

집값 안정화를 위해 곳곳에 신도시를 만들어 서울을 수평 확장하는 바람에 초록 숲이 사라지고 대신 콘크리트 숲이 자리를 채우고 있다. 오랜 시간을 통해 만들어졌던 마을이 사라지고 건설회사의 이름이 달린 콘크리트 건물만 가득하다. 건설회사 이름이 달린 똑같은 아파트가 전국 곳곳에 널려 있는 나라가 또 있을까?

아파트라는 고층 건물이 가능한 것 역시 시멘트를 주원료로 하는 콘크리트 덕분이다. 콘크리트 안에 철근을 넣어 콘크리트의 단점인 강도를 보완함으로써 철근콘크리트를 이용한 고층 건축이 가능했다. 그리고 그 기술은 빠른 속도로 전 세계로 널리 퍼져나갔다. 철근과 콘크

오늘도 하늘 높이 쑥쑥 올라가는 콘크리트 숲.

리트의 열팽창계수가 동일한 특징 덕이었다.

그런데 우리가 모르는 중요한 사실이 하나 있다. 시멘트와 철근만으로는 집을 지을 수 없다는 것이다. 시멘트에 모래와 자갈을 혼합해 콘크리트를 만들어야 한다. 시멘트는 접착제 역할을 하는 것일 뿐이다. 건축물의 특성에 따라 배합 비율이 조금씩 달라지지만, 일반적으로 시멘트 1, 모래 4, 자갈 5의 비율로 혼합한다. 따라서 콘크리트 건축물에는 모래와 자갈이 반드시 필요한데, 국내에 앞으로 사용 가능한 모래와 자갈이 70년 치밖에 남지 않았다.

국토의 70퍼센트가 산이고 강이 많고 삼면이 바다로 둘러싸여 있으니 건축 재료인 모래와 자갈이 무한하리라 생각하기 쉽지만, 그렇지 않다. 강모래는 바닥난 지 이미 오래다. 섬진강은 벌써 2004년 11월에 골재 채취가 영구 금지되었다. 한강에 모래가 사라진 지도 오래고,

낙동강의 그 많던 모래 역시 4대강 사업으로 사라졌다.

서해와 남해에서 퍼 올리던 바다모래는 어민들이 채취를 결사반대하고 있다. 바다 어장이 심각하게 훼손되기 때문이다. 산림 골재 채취량 역시 무한하지 않다. 또한 골재 채취로 인해 훼손된 환경을 복원하기 위해 막대한 예산이 투입되어야 할 형편이다.

부족한 골재 자원

—

석유에너지만 국가의 중요한 자원이 아니다. 건축 재료인 모래와 자갈 역시 국가 경제의 성장과 국민복지 향상의 기반이 되는 건설산업의 기초재료로서 안정적인 공급이 필수다. 이에 국토교통부 장관은 "골재채취법" 제5조에 따라 5년마다 골재수급기본계획을 수립해 시행하도록 되어 있다.

제5차(2014-2018) 골재수급기본계획 수립 연구에 따르면, 전국 골재 부존량은 약 263억 세제곱미터이고, 이 가운데 개발 가능량은 약 172억 세제곱미터로 평가된다. 이중 1993년에서 2013년까지 20년간 이미 26억 세제곱미터의 골재를 사용했다. 국내 건축현장에서 1년에 사용하는 골재량이 약 2억 세제곱미터임을 고려하면, 2014년 이후 개발 가능량은 146억 세제곱미터로 향후 70년 정도 사용할 수 있다. 대체 자원의 개발이 시급한 현실인 것이다.

대한민국의 그 어느 강에서 파낸 모래, 서해와 남해에서 퍼올린 모래, 그리고 전국의 어느 산봉우리를 싹둑 잘라 파쇄해 만든 자갈이 지금

콘크리트용 골재 채취를 위해 산이 날아갔다.

우리 눈앞에서 쑥쑥 올라가는 도심의 아파트라는 건축물로 자리를 옮겨온 것임을 우리는 기억해야 한다.

기후 이상을 초래한 석유자원의 고갈에 대해서는 이미 많은 사람들이 잘 알고 있다. 산업혁명 이후 석유에너지를 마구 사용해 기후 재앙을 가져왔을 뿐 아니라 앞으로 남은 자원도 고작 30년 치에 불과하다고 한다. 한정된 자원을 무분별하게 사용함으로써 후손들의 미래를 도둑질한 것이다. 결국 전 세계는 석유자원의 고갈과 환경 위기를 극복하기 위해 대체 에너지를 찾고 있다.

우리에게 부족한 것은 에너지만이 아니다. 모래와 자갈도 사용 연한이 얼마 남지 않았다. 미래에 이 땅에서 살아갈 후손들도 집을 짓고 안정적인 삶을 살아야 하는데, 70년 뒤엔 이 나라에 집을 지을 건축 재료가 없게 된다. 대책이 필요하다. 골재 자원의 고갈을 초래한 우리 건축의 문제가 무엇인지, 어떤 해결책이 있는지 함께 고민해야 한다.

그런데 모래와 자갈 자원이 부족한 나라에서 고작 20-30년짜리 아파트만 계속 지어대며 골재원의 부족을 부채질하고 있다. 겨우 70년 사용치밖에 남지 않은 골재의 부족을 해결하기 위한 방법은 간단하다. 첫째, 수명이 긴 건축물을 지음으로써 자원을 절약해야 한다. 둘째, 재개발과 재건축으로 발생한 건설폐기물을 골재자원으로 재활용한다. 건설폐기물인 폐콘크리트는 시멘트에 모래와 자갈을 혼합해 굳힌 것이다. 폐콘크리트를 파쇄·선별해 시멘트를 분리해내면 모래와 자갈은 다시 사용 가능한 소중한 자원이 될 수 있다.

재개발과 재건축을 남발하며 골재 부족을 부채질하는 현실에서 건설폐기물 재활용은 미래를 생각하는 중요한 책임을 다하는 것이다. 골재 자원을 후손들에게 남겨주는 것이며, 골재 채취로 인한 환경파괴를 예방하는 것이며, 폐기물 매립장의 수명을 연장해주는 일이기 때문이다.

생명의 강을 다시

엄마야 누나야 강변 살자

뜰에는 반짝이는 금모래 빛

뒷문 밖에는 갈잎의 노래

엄마야 누나야 강변 살자.

김소월의 시 〈엄마야 누나야 강변 살자〉는 동요로도 불려 우리 모두에게 친숙할 뿐 아니라 어릴 적 강변에서 뛰놀던 추억을 떠올리게 한다.

그러나 지금은 김소월의 시에 나오는, 강변에 반짝이는 금모래가 있는 강을 찾기 어렵다. 수만 년 동안 한반도를 굽이굽이 휘감고 흐르며 금수강산의 상징이던 강변의 모래가 다 어디로 사라진 것일까?

콘크리트는 시멘트와 모래와 자갈을 보통 1:4:5의 비율로 혼합해 만든다. 따라서 모래가 없으면 콘크리트로 아파트를 지을 수 없다. 우리나라에 시멘트공장이 1957년에 처음 만들어졌으니 본격적으로 콘크

이젠 금빛 모래 반짝이는 강을 만나기 어렵게 되었다.

리트 건축물이 등장한 것은 1960년대부터라고 할 수 있다. 수만 년 동안 강변에서 반짝이던 모래가 콘크리트 건축물이 들어서기 시작한 지 50년 만에 사라졌다.

국토교통부가 발표한 골재 5개년 계획(2014-2018)에 따르면, 앞으로 사용 가능량이 70년 정도라고 하는데, 이는 산림의 채석장 골재를 포함한 것이고, 모래만을 계산하면 상황은 더 심각하다.

국무조정실이 한국지질자원연구원의 〈골재자원 부존조사 보고서〉를 인용한 "골재 수급 안정 종합대책"(2004. 5. 25)에 따르면, "우리나라의 골재 부존량은 2003년 기준으로 83억 톤, 개발 가능량은 52억 톤으로서 30~40년 채취 가능"하다고도 했다.

한국건설산업연구원이 조사한 "지역별 골재 소비구조 분석 및 수급 안정 방안"(2003. 4)에 따르면, 강모래의 경우 1992년 70.7퍼센트에서

	개발 가능량(억㎥)					연간 수요량 (억㎥)	채취 가능연수 (년)
	바다	하천	육상모래	쇄사	합계		
전국	24.1	4.7	17.1	5.9	51.8	1-2	30-40
수도권	18.7	0.4	2.5	1.4	23.0	0.5-1	30

• 한국지질자원연구원, 〈골재자원 부존조사 보고서〉(1993-2003).

2002년 32.2퍼센트로 공급량이 현격히 줄어들었고, 바다모래가 18.8 퍼센트에서 30.6퍼센트로 증가했다. 또 그 전까지 거의 사용하지 않던 산림 채석장의 자갈을 모래처럼 부순 쇄사 사용이 0.5퍼센트에서 단 10년 만에 18.3퍼센트로 증가했다. 강모래가 부족하니 대신 바다모래 사용이 급증했고, 채석장의 돌을 갈아 모래를 만들어 사용하기 시작한 것이다.

강자갈 역시 강모래와 함께 강에서 사라졌다. 전체 굵은 골재 공급 량 중 강자갈이 1992년 18.5퍼센트를 차지했으나 10년 만인 2002년

골재 품종별 소비 비율

(단위: %)

잔골재(모래)							
1992년				2002년			
강모래	바다모래	육모래	쇄사	강모래	바다모래	육모래	쇄사
70.7	18.0	10.8	0.5	32.2	30.6	18.8	18.3

굵은 골재					
1992년			2002년		
강자갈	쇄석	육자갈	강자갈	쇄석	육자갈
18.5	79.9	1.6	1.3	97.0	1.6

콘크리트 건축물이 국내에 등장하고 50년 만에 전국의 강모래가 사라졌다.

에는 겨우 1.3퍼센트로 급감할 만큼 강에서 자갈이 사라졌다. 그리고 채석장의 산림 골재가 79.9퍼센트에서 97퍼센트로 급증했다.

강에서 모래가 사라진 것은 정부의 제5차 골재수급기본계획에서도 쉽게 확인할 수 있다. 제5차(2014-2018) 골재수급기본계획에 따르면, 2004년부터 2013년까지 10년간 건축 공사에 사용되는 하천 골재 공급

하천골재 공급(제5차 골재수급기본계획)

	2004	2005	2006	2007	2008
공급	23,797	17,573	19,189	18,780	13,547
비중	17.7%	13.6%	14.2%	15.0%	10.3%
	2009	2010	2011	2012	2013
공급	15,519	8,337	2,078	1,962	2,88
비중	11.8%	6.1%	1.6%	1.5%	1.6%

한강 모래를 가져가기 위해 줄지어 서 있는 덤프트럭들.

이 2004년 17.7퍼센트에서 2013년 1.6퍼센트로 줄었다.

이처럼 강모래는 남아 있지 않은데 오늘도 전국에서 아파트는 하늘 높이 올라가고 있다. 강모래가 없으니 바다모래와 산림 골재를 곱게 분쇄해 대체용으로 사용하고 있는 것이다.

모래 채취로 망가진 강의 눈물

—

강원도 영월에는 정선에서 흘러오는 동강과 평창에서 흘러오는 서강이 있다. 동강은 산세가 크고 물살이 빨라 지아비강이라 부르고, 서강은 동강에 비해 산세가 작은 대신 수심이 깊고 물살이 잔잔해 지어미강이라 불린다. 동강과 서강이 영월 읍내에서 만나 남한강이 되어 흘러 내려가다 양평 두물머리에서 북한강과 만나 한강이 되고, 서울을 휘감고 흘러 서해로 간다.

1994년부터 강원도 영월 서강가에 집을 짓고 몇 년간 살았다. 강변엔 반짝이는 금빛 모래밭과 동글동글 자갈밭이 끝없이 펼쳐져 있는 인간에 의해 훼손되지 않은 자연 그대로의 강이었다. 강변 모래밭엔 새들의 발자국이 가득했고, 바위 위엔 지난밤 물고기를 잡아먹고 놀다 간 수달의 배설물을 쉽게 발견할 수 있는 천혜의 생태박물관이었다.

그런데 어느 날 강변에 굴착기와 덤프트럭이 등장했다. 그리고 모래를 퍼가기 시작했다. 콘크리트 골재로 사용할 수 없는 커다란 자갈만 걸러내고 모래와 잔자갈을 싹쓸이해갔다. 처참히 파괴된 강은 더 이상 강이 아니었다. 아름다움은 사라지고 그저 물이 흐르는 수로로 전락했다. 수만 년 동안 홍수를 반복하며 자연스레 물길이 쌓아올린 아름다운 강변의 자갈과 모래를 파낸 후 강변은 잡초만 우거진 곳이 되었다.

내가 잠시 살던 영월 서강만의 일이 아니다. 아파트 건설을 위해 모래를 파낸 전국의 모든 강에서 벌어진 처참함 현실이다. 우리가 사는 아파트를 짓기 위해 희생된 강의 눈물을 우리는 기억해야 한다.

하천의 모래와 자갈 채취로 인해 강변의 환경만 바뀐 게 아니다. 강의 모래와 자갈은 물을 맑게 정화해주는 천연 정수기일 뿐만 아니라 수많은 생명을 품는 보금자리다. 강변 모래자갈밭에는 다양한 물새들이 깃들어 살아간다. 꼬마물떼새와 흰목물떼새가 모래자갈밭에 둥지를 틀고 새끼를 키운다. 강바닥에 살면서 오염원을 청소해주는 모래무지는 위험을 느끼면 이름 그대로 모래 속에 숨는다. 모래무지는 모래가 없는 강에서는 살 수 없다.

　물고기 중 유일하게 천연기념물로 지정된 어름치는 해마다 5월이면 잔자갈을 입으로 물어다 산란탑을 만든다. 돌상어와 꾸구리, 배가사리 등 전 세계에서 대한민국에만 있는 토종물고기들은 잔자갈과 모래가 깔린 강바닥을 터전으로 삼아 살아간다. 강의 모래와 자갈은 그저 아파트의 건축 재료가 아니라, 강을 기대어 살아가는 수많은 생명들에게 필수불가결한 것이다.

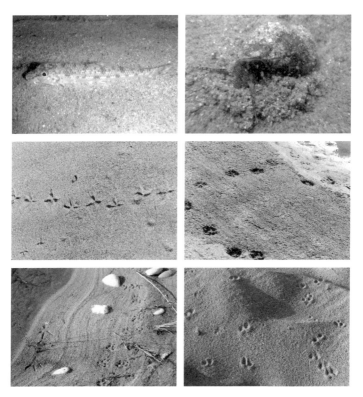

강모래는 강에 기대 살아가는 수많은 생명들의 보금자리다.

그러므로 아파트를 짓는 것은 결국 그만큼 다른 생명들의 보금자리를 빼앗아온 것이다. 아파트 건설을 위해 모래와 자갈을 착취당한 강은 생명이 살 수 없는 수로로 전락했고, 그 결과 스스로 강물을 맑게 하던 정화작용을 상실해 우리에게 썩은 강물로 돌아왔다.

우리는 이제 썩은 강물을 많은 돈을 들여 정수해서 먹고 산다. 하지만 강물을 맑게 하는 방법은 간단하다. 강물을 정화해주는 모래가 강에 있게 하고, 강을 다양한 환경으로 복원하는 것이다. '많은 물'이 강을 맑게 하는 것이 아니라 '다양한 환경'이 강을 맑게 한다. 강은 흐름을 잃어버리면 물이 많아도 썩을 수밖에 없다. 강에 살아가는 다양한 물고기들은 저마다 좋아하는 먹이와 습성이 다르다. 지금처럼 강의 흐름을 막아 강의 환경을 단순하게 만들면, 강에 살아갈 수 있는 물고기들도 단순해지고 결국 물은 썩을 수밖에 없다.

모래무지가 강바닥에 쌓인 펄을 빨아먹으며 강물을 맑게 하는 모습을 본 적이 있는가? 모래와 자갈, 얕은 여울과 깊은 소 등 다양한 환경 속에서 다양한 물고기가 어울려 살아갈 때 강물은 맑아진다.

모래 한 알에 담긴 수만 년의 시간

—

강에 모래가 없다. 그까짓 모래 한 알이 아니다. 자갈이 오랜 시간 구르고 부딪혀 부서지고 또 부서져 작은 모래 한 알이 만들어지기까지 얼마나 오랜 시간이 걸렸을까? 모래 한 알의 크기는 작지만 그것은 우리의 상상을 초월한 시간이 축적된 결과물이다. 그리고 강모래는 강에

아직 우리에게 남아 있는 아름다운 강을 잘 지켜내야 한다.

기대 살아가는 생명들의 집이다. 그런데 인간이 고작 수명 20-30년짜리 아파트를 건축하기 위해 소중한 모래를 낭비해 사라지게 한 것이다.

아파트가 올라간 만큼 어장이 파괴된다

'바다모래 파낼 거면 내 심장도 파내가라!'

'바다모래 퍼 나르면 어족자원 말살된다!'

섬뜩한 이 구호들은 어민들이 정부의 남해 배타적경제수역의 바다모래 채취 기간 연장을 반대하는 궐기대회에 내건 절절한 외침이다.

2017년 2월 15일, 부산 남항에서 어선들이 바다모래 채취를 반대하는 현수막을 걸고 출항했다. 정부의 남해 배타적경제수역 모래 채취 연장 결정에 전국의 어민들이 어선을 동원해 해상 시위를 벌였다. 정박 중인 어선들은 항구와 포구에서 바다모래 채취 연장을 반대하는 현수막을 걸었고, 소형 어선은 연안에서 해상 시위를 하고 중대형 어선들은 통영의 욕지도 부근 골재채취단지까지 나가 시위를 했다.

인천 앞바다에서는 1984년부터 30년 동안 남산의 5배가 넘는 2억 8천만 톤 규모의 바다모래가 채취되었다. 그 결과 백사장 소실과 물고

어선들이 바다모래 채취 반대 해상 시위를 하는 모습.

바다모래 채취 반대 현수막을 달고 부산항을 나서는 어선들.

기 산란장 파괴 등 심각한 부작용을 겪고 있고, 수산물 어획량이 지난 25년간 68퍼센트나 감소된 것으로 알려졌다.

꿩 대신 닭?

—

꿩 대신 닭이라 하듯, 콘크리트 건축물의 필수재료인 강모래가 동나자 바다모래를 사용하기 시작했다. 한국해양수산개발원의 "바다모래 수급실태 및 관리방안 연구"에 따르면, 바다모래 공급량이 1992년 15.3퍼센트에서 2002년 27.7퍼센트로 급증했다.

연도별 바다모래 채취 실적을 살펴보면, 강모래 부족으로 1992년 이후 바다모래 공급이 계속 증가하다가 IMF로 건설경기가 나빠진 1998년에 17.8퍼센트로 잠시 감소했다. 특이한 것은 건설경기가 최고조에 달했던 1996년 전체 골재 공급량이 1억 3902만 9천 톤이고 그중 바다모래가 3059만 1천 톤으로 22퍼센트를 차지했는데, 이후 1998년 IMF로 인한 건설경기 악화로 전체 골재 공급량이 2002년 1억 1924만 6천 톤으로 감소했음에도 불구하고 바다모래 공급량은 3302만 9천 톤으로 증가했다는 사실이다. 이는 건설경기가 악화해 골재 사용량이 줄어들었지만, 강모래가 부족해 바다모래 사용이 급격히 증가했음을 보여준다.

연도별 바다모래 채취 실적 및 점유비

연도	전체 골재(천 톤)	바다모래(천 톤)	비율(%)
1992	101,826	15,546	15.3
1993	106,013	18,122	17.1
1994	109,476	21,339	20.5
1995	104,684	23,086	22.1
1996	139,029	30,591	22.0
1997	133,923	29,092	21.7
1998	108,434	19,276	17.8
1999	119,133	24,586	21.5
2000	112,365	29,179	26.0
2001	114,845	31,203	27.2
2002	119,246	33,029	27.7

바다모래는 언제나 충분할까?

—

푸른 파도가 넘실거리는 바닷가 백사장에 반짝이는 모래. 우리는 바다모래는 무한하다고 생각하기 쉽다. 그러나 이 땅에서 콘크리트 건축을 시작한 지 겨우 50년 만에 강모래가 동이 난 것처럼 바다모래 역시 무한한 자원이 아니라는 사실을 기억해야 한다.

그동안 골재채취법에 근거해 연안의 바다모래를 채취해왔다. 그러나 2004년 부산 신항 등의 국책사업에 많은 모래가 필요해지자 안정적인 모래 공급을 위해 2008년 경남 통영에서 동남쪽으로 70킬로미터,

바다모래 채취 현장. 물고기 산란장인 바다 밑이 파괴될 뿐 아니라 부유물이 멀리 퍼져 바다를 오염시킨다.

군산 서남쪽에서 90킬로미터 떨어진 배타적경제수역에 골재채취단지를 지정해 본격적으로 바다모래를 채취하기 시작했다.

그러나 육지에서 70-90킬로미터 멀리 떨어진 바다에서 모래를 퍼온다고 문제가 해결된 게 아니었다. 어민들이 들고 일어났다. 배타적경제수역(EEZ)에서의 바다모래 채취로 인해 2016년 연근해어업 생산량이 40년 만에 100만 톤 이하인 92만 톤으로 급감하며 바다 어장이 파괴되기 시작한 것이다.

어민들이 바다 어장을 파괴한다며 바다모래 채취를 반대하는 이유는 다음과 같다.

- 남해 EEZ 바다모래 채취 전후를 비교했을 때, 멸치류는 2003년

25만 톤에서 2016년 15만 톤으로 41퍼센트 감소되었는데, 이는 1차 먹이사슬의 붕괴로 전체 어족자원의 고갈로 이어지는 심각한 문제가 된다.

- 남해 EEZ 바다모래 채취 구역은 갈치와 멸치의 산란장이며 고등어, 전갱이 등 회유성 어류의 주 조업지로 모래 채취로 인한 해저지형의 변화 및 산란장이 파괴된다.
- 모래 채취 시 발생하는 부유물질이 주변에 퍼져나가 플랑크톤과 치어들이 생존할 수 없으며, 연안어업도 피해를 입고 있다.
- 모래 채취로 인해 경사 39도에 이르는 급경사의 깊이 19.5미터에 이르는 해저 웅덩이가 발생하여 훼손된 해저지형은 복구가 불가능하여, 이는 어민들의 생존권의 문제일 뿐만 아니라 그 피해가 후손들에게도 이어진다.
- 바다모래 채취는 연안의 해안침식으로 작용한다.

바다모래 채취로 어획량이 감소하자 어민들은 생존권 사수를 위해 정부에 채취금지구역 설정, 채취깊이 제한, 채취해역 복구의무 제도화 등의 조건을 주장하며 바다모래 채취를 반대했고, 결국 배타적경제수역에서의 바다모래 채취가 중단되었다.

발등에 불이 떨어진 건 바다모래 채취에 종사하는 이들이었다. 이들 역시 바다모래 채취로 생업을 유지하고 있는데, 바다모래 채취가 중단·축소되자 수익성 악화와 일자리 감소 등으로 업체들의 연쇄 도산이 우려되기 시작한 것이다.

어민들은 '수산자원 씨 말리는 바다모래 채취 결사 반대'를 외치며 거리로 나섰고, 골재채취업자들은 '바다모래 채취를 재개하라'며 거리로 나서는 진풍경이 이어졌다.

정부 대책에도 어민들의 반대는 여전
—

어민들의 반대로 인해 바다모래 채취 중단이 장기화되었다. 결국 골재 부족으로 가격이 상승하고 건설공사 차질이 우려되자 정부는 2017년 12월 국토교통부와 해양수산부 등이 참여한 가운데 당시 이낙연 국무총리가 국정현안점검조정회의를 열어 "골재수급 안정화대책"을 발표했다.

이날 마련한 대책은 "① 채석장 허가물량 확대를 통해 산림 모래를

해수면 상승과 바다모래 채취 등으로 인해 모래가 유실되어 바다가 신음하고 있다.

증산, ②토목공사 중 발생하는 암석을 골재 자원으로 적극 활용, ③해외 모래를 수입할 수 있는 대규모 모래선박(5만 톤급)이 접안 가능한 부두를 확보, ④순환골재 활성화 등을 통한 골재원 다변화" 등이다.

그러나 모래를 외국에서 수입하고 산림 골재를 파쇄해 모래를 만드는 등의 골재원 다변화 노력만으로는 필요한 모래량이 다 충당되지 않는다. 결국 정부는 계속 바다에서 모래를 채취하되 총 골재 공급량 중 바다모래가 차지하는 비중을 14.6퍼센트(연안모래 5.4퍼센트, EEZ모래 9.2퍼센트)에서 2022년까지 선진국 수준인 5퍼센트까지 대폭 감축한다고 발표했다.

외국에서도 건축재로 바다모래를 채취하고 있지만, 바다환경 보존을 위해 벨기에는 7퍼센트, 영국은 5퍼센트, 일본은 3.9퍼센트만을 채취한다. 이에 정부도 선진국 수준의 관리체계를 구축하기 위해 "바다모래 채취 시 지역별로 연간 채취물량 한도를 설정하여 난개발을 방지하고, 해양생태계 보호가 필요한 지역을 중심으로 채취 금지 구역·기간 및 채취 깊이 제한을 설정하며, 채취 지역에 대한 복구를 의무화하는 등의 허가제도를 개선하겠다"는 것이다.

그러나 어민들은 정부의 "골재수급안정화대책은 바다에 대한 사망선고이자, 어민들에 대한 사형선고"라며 바다모래 채취는 감축해서 될 문제가 아니라 전면 중단해야 한다고 요구하고 있다. 바다모래 채취로 해양생태계가 파괴되고 황금어장이 훼손되어 어민들의 생계를 위협하기 때문이다.

바다모래는 무한하지 않다. 하늘 높이 오르는 아파트 뒤엔 바다모래 채취를 두고 벌어지는 어민들과 골재채취업자들의 심각한 갈등이

숨어 있다. 현재 국가사업에 한해 바다모래를 사용하는 조건으로 바다
모래 채취가 재개되었고, 주민들은 여전히 반대하고 있다.

아파트가 높이 오른 만큼 바다 어장의 파괴와 어민들의 눈물이 커
진다는 사실을 기억하면 좋겠다.

바다의 눈물을 먹고 아파트가 올라가는 것임을 기억하자.

산이 통째로 날아갔어요

산봉우리가 통째로 날아갔다. 흉물스러운 모습이 멀리서도 한눈에 들어온다. 바람이 불면 먼지가 사방으로 휘날리고, 비가 오는 날이면 채석장에서 흙탕물이 마을로 흘러내리기도 한다. 아파트와 도로 등 콘크리트 건축물을 짓기 위해 산림 골재를 채취한 이후의 채석장 모습이다. 정부가 소규모 석산 개발로 인한 환경 훼손을 막기 위해 소규모 채석장을 줄이고 광역화된 채석장을 도입해 골재 공급을 안정화하고 있지만, 산봉우리를 싹둑싹둑 파내는 채석장으로 인한 환경오염과 경관 훼손은 크게 달라지지 않은 듯하다.

강모래와 바다모래는 "골재채취법"에 적용받지만, 산림 골재는 "산지관리법"의 적용을 받는 석산에서 돌을 파쇄해 만든다. 강에서 천연 골재를 구하기 쉽던 때는 석산 골재가 더 비싸고 채석장도 드물었다. 그러나 강자갈이 바닥나 천연 골재를 구하기 어려워지자 지금은 산림 골재가 주로 사용된다.

건설용 골재 채취를 위해 산을 깎아 굵은 골재와 모래를 만들고 있다.

　채석장으로부터 굵은 자갈과 쇄사가 건설현장에 공급된다. 쇄사란 부족한 강모래와 바다모래를 대신하기 위해 산에서 채취한 자갈을 모래처럼 곱게 더 분쇄한 것을 말한다. 제5차 골재수급기본계획(2014-2018)에 따르면, 자갈 수요의 61.6퍼센트, 모래 수요의 13.9퍼센트를 산림 채석장에서 공급하도록 계획했고, 앞으로 그 비중은 더 늘어날 것이다.

　한국건설산업연구원이 조사한 "지역별 골재 소비 구조 분석 및 수급 안정 방안"(2003. 4)에 따르면, 굵은 골재 공급량 중 강자갈이 1992년 18.5퍼센트에서 2002년 1.3퍼센트로 급감했고, 채석장의 산림 골재인 쇄석이 79.9퍼센트에서 97퍼센트로 급증했다. 현재 건설현장의 굵은 골재는 대부분 채석장 골재임을 알 수 있다.

　특히 잔골재인 모래 사용량에 따르면, 강모래가 1992년 70.7퍼센트에서 2002년 32.2퍼센트로 공급량이 현격히 줄어들자 그 대신 바다 모래가 18.8퍼센트에서 30.6퍼센트로 증가했고, 산림 채석장의 자갈을 부순 쇄사도 0.5퍼센트에서 18.3퍼센트로 증가했다(108쪽 표 '골재 품종별 소비 비율' 참조).

강모래가 풍부했을 때는 산림 골재를 잘게 부순 쇄사가 필요 없었으나, 강모래가 동나자 이를 대신하기 위해 쇄사 공급량이 늘게 된 것이다. 덕분에 바람이 부는 날이면 채석장에서 발생하는 먼지가 많아졌다. 비산먼지 발생을 줄이기 위해 채석장의 환경 관리가 필요함에도 불구하고, 쌓아둔 골재와 쇄사로부터 비산먼지가 발생하지 않도록 덮개를 덮는 등의 환경 관리를 제대로 하는 곳은 드물다.

어민들의 반대로 바다모래 채취가 어려워지자 2017년 12월, 정부가 마련한 대책 중 하나가 '산림 골재 확대'였다. 결국 부족한 모래와 자갈을 공급하기 위해 산림 채석이 더 확대될 수밖에 없는 현실이다.

복구와 안전을 염두에 둔 개발

—

골재 채취 종료 후 훼손된 산림을 복구해놓은 경기도의 한 채석장을 보면, 나무를 심어놓았지만 암반 계단이 좁고 급경사를 이루어 나무가 안정적으로 자라기 어렵고 곳곳에 산사태로 무너져 내린 곳도 있다.

토석 채취 기간이 만료되면 산지관리법 제39조에 따라 산지를 복구해야 한다. 그러나 채석이 종료된 또 다른 채석장을 찾아가보아도

경기도의 한 채석장 복구 현장. 과연 이게 제대로 된 산림복구일까?

과연 제대로 복구된 것인지 의아할 뿐이다. 법에 규정된 대로 복구를 했다고 하지만 급경사를 이룬 암석들이 곳곳에 무너져 있고 토사가 쓸려 내려가며 정상 부위의 나무들이 금방이라도 무너질 듯하다. 실상은 좀 더 많은 양의 골재를 채취하기 위해 좁은 계단식 급경사를 이뤄 골재를 채취했기 때문에 100~200년이 흘러도 복구 자체가 불가능한 것이다.

후손들에게 아름다운 산림을 물려주기 위해서는 골재 채취 단계에서부터 복구를 계획해야 한다. 강원도 영월에 있는 두 개의 석회석 광산이 좋은 예가 될 수 있다.

현대시멘트는 좁은 계단식 급경사로 배거리산의 정상 부위를 삭둑 잘라 석회석을 채취하고는 더 이상 채취하지 않는 봉우리에 등나무를 심었다. 여름에는 무성한 잎사귀가 흉물스러움을 살짝 가려주지만 가을이 되면 여지없이 흉한 몰골을 멀리서도 볼 수 있다. 앞으로 수백 년이 흘러도 복구가 불가능할 것이다.

여기에서 4킬로미터쯤 떨어진 곳에 쌍용양회의 광산이 있다. 마찬

가지로 시멘트 생산을 위한 석회석 광산이다. 쌍용양회도 다른 광산들처럼 계단식으로 암석을 채취했지만 계단의 수평면이 넓다. 그래서 골재 채취 작업을 끝내고 한 계단씩 내려올 때마다 채굴 전에 모아둔 토사를 붓고 지반이 안정되면 광산 한쪽 묘목장에서 키우던 나무를 옮겨 심을 수 있다.

광산 복구 현장을 직접 올라가보았다. 흙을 붓고 지반의 안정화를 기다리는 단계임에도 불구하고 다양한 나무들이 자라고 있었다. 회사에서 나무를 심기 전에도 바람에 날아온 풀과 나무가 자라며 자연스레 산림이 복구되고 있었다. 나무가 자랄 흙이 있기 때문이다. 이렇게 복원된 광산은 몇 년이 지나면 과거에 이곳이 채석장이었는지 알 수 없을 만큼 안정된 산림이 된다.

집을 짓고 도로를 건설해야 한다. 건설현장에 골재가 필요하니 산림 채석이 필요하다. 그러나 수백 년이 흘러도 흉물스러운 모습을 남기는 광산 개발이 아니라 산림 복구를 계획한 개발이 되어야 한다. 그렇게 되도록 허가 당시부터 유도해야 한다.

복구가 어려운 좁은 계단식 채석장에서는 인명사고도 자주 발생한다. 지난 2019년 3월 23일엔 강원도 인제의 한 채석장에서, 12월 5일에는 강원도 홍천의 한 채석장에서 굴삭기가 30미터 아래로 추락해 굴삭기 기사가 사망하는 사고가 발생했다. 채석장의 경사가 심해 굴삭기 추락 사고가 발생한 것이다. 12월 30일에는 충주의 채석장에서 바위들이 굴러떨어져 사망사고가 발생했다.

이처럼 2019년 한 해 동안에만도 채석장에서 많은 작업자가 사망했다. 더 많은 골재를 채취하기 위해 좁고 급경사 지형으로 개발을 하

똑같은 석회석 광산인데, 채굴이 끝난 광산의 복구 모습이 전혀 다르다. 좌측 현대광산은 수직형이라 복구가 불가능해 등나무로 살짝 훼손 현장을 가려놓았을 뿐이고, 우측 쌍용양회 광산은 계단마다 토사를 부어 나무를 심어 시간이 흐르자 안정된 산림이 돼가고 있다.

다보니 작업자들의 안전사고가 빈발하는 것이다. 좁은 계단식 채굴 현장에서는 사망사고가 발생하기 쉽고, 채석 종료 후에도 복구하기가 어렵다.

채석장 주변 주민들이 입는 환경 피해
—

채석장 주변 주민들의 반대가 심하다. 왜 그럴까? 〈토석 채취에 따른 환경문제에 관한 법적 고찰〉(이학춘·박종원, 2017)에서는 채석장으로 인한 환경 피해와 재해를 다음과 같이 지적하고 있다.

토석 채취 사업장은 골재 반출 차량들의 수시 이동과 발파 등에 따른 날림먼지와 진동 및 소음, 그로 인한 주민 생활환경 피해와 강우 시 토사 유출로 인한 주변 농경지 피해, 비탈면 붕괴 우려 등 여러 환경적 요인이 상존해왔다. 뿐만 아니라 골재 채취 흔적으로 인해 주변 경관이 심하게 훼손되는 경우 또한 많은 게 현실이다.

이 보고서를 보면 특히 "토석 채취 지역에서의 환경피해에 대한 설문조사 분석 결과, 환경오염 피해 분쟁 사건 중 발파 시 발생하는 소음과 진동에 의한 피해가 50.9퍼센트로 이는 불임, 유산 및 질병 감염, 우유 생산 감소와 인과관계로 나타나고 있으며, 그다음은 비산먼지 21.8퍼센트, 토사 유출이 16.4퍼센트로 나타났다. 토석 채취 지역에서 발생하는 환경피해는 자연환경 그 자체만이 아니라 주민 건강과 생활

환경에 악영향을 미칠 수 있다"고 강조한다.

'지진에 놀란 가슴, 석산 발파에 더 놀란다.' '석산 개발 허가 결사 반대.' 경주시 한 채석장 인근 마을에 걸려 있는 현수막 문구다. 주민들은 채석장의 발파로 인한 소음으로 고통 받고, 채석장에서 날아오는 먼지로 인해 빨래를 널지 못하며, 채석장에서 흘러내리는 물로 인한 수질 오염 등으로 너무 큰 고통을 겪고 있다고 주장했다.

2019년 7월 30일 충남 공주시에서는 시의회 의장과 주민들이 금강 유역환경청을 방문해 지역에 개발 예정인 채석장을 반대하는 의견서를 제출했다. 이들은 지역 주민들의 생사가 걸린 매우 중요한 문제라며 다음과 같이 채석장 반대 이유를 전달했다.

① 삵, 금개구리 등 천연기념물이 서식하는 자연생태계 파괴.

② 공장에서 배출되는 침출수로 인한 토양 및 지하수 오염.

③ 토석 채취 및 골재 운반 과정에서 도로 훼손.

④ 비산먼지로 인한 호흡기질환 유발과 일조량 부족으로 인한 농작물 생육 방해.

⑤ 소음 진동으로 인한 주택 갈라짐 및 주민들의 만성적인 육체적·정신적 피해 발생.

⑥ 벌목으로 인한 지반 약화 및 붕괴, 여름철 집중 호우 시 사면붕괴 등 산사태 발생.

⑦ 골재 운반 트럭 운행 시 주민의 통행권 침해 및 교통사고 발생.

골재 채취를 위한 채석장은 어딘가에 꼭 필요하다. 그 덕에 아파트를 지을 수 있고, 도로가 깔리고, 항만 건설이 가능하다. 그러나 우리는 아파트가 올라간 만큼 산림이 사라지고 채석장 주변 지역 주민들이 피해를 입고, 채석 과정에 많은 사람들이 희생된다는 사실을 잘 알지 못한다.

여기에서도 모래를 채취한다고?

굴착기가 열심히 논바닥을 파헤치고 있다. 저 논에 보물이라도 숨겨져 있는 것일까? 땅을 파고 흙을 걸러내며 요즘 보기 힘든 귀한 모래와 자갈을 캐내고 있으니 보물찾기가 맞다. 제방 밖 논과 밭에서 모래와 자갈을 캐내는 것이 가능할까?

건축에 사용되는 모래는 강모래와 바다모래, 그리고 채석장의 돌을 갈아 만든 쇄사, 제방 밖 강가에서 캐낸 육상 골재로 구분된다. 육상 골재란 과거 강을 직선화하고 제방을 쌓기 전에 물길이 흘러넘치던 곳으로 지금은 논과 밭으로 사용하지만 그 밑에 숨어 있는 모래를 퍼내는 것을 말한다.

한국건설산업연구원이 조사한 "지역별 골재 소비 구조 분석 및 수급 안정 방안"(2003. 4)에 따르면, 모래 총 공급량 중 강모래가 1992년 70.7퍼센트에서 2002년 32.2퍼센트로 현격히 줄어들자, 바다모래가 18.8퍼센트에서 30.6퍼센트로 증가했고, 육상모래도 10.8퍼센트에서

논바닥을 걷어내고 모래와 자갈을 캐내는 육상 골재 채취 현장.

18.8퍼센트로 증가했다. 그러나 지금은 육상모래도 점점 더 찾기 어려워지고 있다(108쪽 표 '골재 품종별 소비 비율' 참조).

그 많던 모래섬은 사라지고

—

경상북도 상주시에 낙동강으로 유입되는 병성천이 있다. 그곳에서 한창 벼가 자라던 논을 임대해 육상모래를 채취하고 있다. 흙을 걷어내고 굴착기로 땅속 깊이 흙을 퍼내 모래와 자갈과 흙을 분류해낸다. 자갈은 콘크리트 자갈로 사용할 수 있는 잔자갈만 골라내고 굵은 자갈과 흙은 다시 제자리에 묻는다. 모든 작업이 끝나면 다른 곳에서 토사를 가져와 모래와 자갈을 퍼낸 빈자리를 메우고 원래의 모습인 논과

경북 상주시 낙동강 지천인 병성천의 제방 밖 논에서 육상모래를 채취하고 있다.

밭으로 복구한다.

이곳 병성천 바로 곁엔 몇 해 전 4대강 사업으로 낙동강에서 퍼올린 거대한 모래성이 있었다. 작업 중인 굴착기 기사에게 물었다.

"바로 곁에 4대강 사업으로 퍼올린 모래가 많은데, 이렇게 힘들게 모래를 파내서 수지타산이 맞아요?"

"4대강 사업으로 퍼낸 모래가 동이 난 지 이미 오래됐어요."

"정말요? 그 많던 모래를 다 쓰고 없다고요?"

"4대강 모래만 없는 게 아니에요. 건설현장에 모래가 부족해 지금은 육상 골재까지 파내고 있는데, 육상 골재도 점점 찾기 어려워져 모래값이 더 오르고 있어요."

4대강 사업으로 낙동강에서 모래를 퍼내 얼마나 높은 모래산성을 쌓아두었는데, 그 많은 모래를 다 썼다니! 오히려 지금은 모래가 부족

4대강 사업으로 낙동강에서 퍼올린 모래를 상주보 인근에 높은 산성처럼 쌓아올려두었
는데(위 사진) 몇 년이 흐른 지금 모두 건설현장에 공급하고 모래가 동났다(아래 사진).

한 현실이라는 굴착기 기사의 말이 쉽게 믿기지 않았다.

차를 몰아 모래성이 쌓여 있던 상주보 바로 곁 병성천 끝자락으로 달려갔다. 굴착기 기사의 말은 사실이었다. 수십 미터 높이로 쌓아올렸던 모래성이 모두 사라지고 없었다. 지금은 마지막 남은 모래바닥을 정리하는 정도였다.

그 많던 모래가 다 어디로 간 것일까? 모래는 이동거리에 따라 값이 올라간다. 운임비용이 높아 이곳 낙동강의 모래가 서울과 수도권까지 갈 수는 없다. 결국 상주 근처의 경상북도에서 이 많은 모래를 소비한 것이다. 이렇게 우리 주변에 도로 공사와 아파트 건설현장이 많다는 사실이 놀랍기만 하다. 대한민국은 전국이 공사장이라는 말이 사실인 것이다.

낙동강변의 모래성이 단 몇 해 만에 사라진 것에서 우리의 암울한 미래를 본다. 지금처럼 부수고 짓는 일을 반복하며 한정된 자원인 모래와 자갈을 소비한다면, 앞으로 골재 수급은 어찌할 것인가? 이 땅에 살아갈 후손들은 무엇으로 집을 짓고 살아갈 수 있을까? 건설폐기물로 돌아오는 환경오염은 또 어떻게 감당할 것인가? 미래가 없는 건축 방식을 언제까지 지속할 수 있을까? 갖가지 상념이 밀려오며 암울한 대한민국의 미래가 두려워졌다.

4장

새집 좋아하는 아파트공화국의 실상

초고층 아파트 시대

산새들도 사람처럼 집을 필요로 한다. 알을 낳고 새끼를 키우기 위해서다. 산새들은 가장 안전한 곳에 둥지를 마련하며, 둥지를 만들기 위한 건축 재료는 모두 자연에서 구해온다. 산새 종류에 따라 둥지를 만드는 재료와 방법이 다르다. 딱새나 박새는 이끼로 둥지를 만들고, 어치는 나뭇가지로 둥지 외벽을 완성한 후 안쪽에 부드러운 나무뿌리를 깔고 알을 낳는다. 알에서 깨어난 새끼들을 위한 배려다.

흙집의 대가인 제비의 집짓기를 살펴보자. 사람들이 흙벽돌을 한 장씩 쌓아올리듯 제비는 입으로 한 덩이씩 흙을 물어와 집을 짓는다. 그러나 제비는 진흙만으로는 둥지가 안전하지 않음을 안다. 놀랍게도 진흙과 함께 풀잎을 물어와 진흙 사이에 다져 넣는다. 사람들이 흙벽돌을 만들 때 짚을 썰어 넣는 이치와 같다. 풀잎에 의해 진흙이 서로 연결되어 둥지가 쉽게 부서지지 않는다.

집에서 1년 365일 살아가는 사람들과 달리 새들에게 둥지란 알을

흙벽돌 쌓듯 진흙 사이사이에 풀잎을 넣고 다져 둥지를 안전하게 만드는 제비.

낳고 새끼를 기르는 동안만 유용하다. 알에서 깨어난 새끼들이 다 자라 둥지를 떠나면 빈 둥지는 비바람에 다시 자연으로 돌아간다. 이처럼 새들은 자연에서 둥지 재료를 취하고, 사용 후엔 둥지가 자연으로 돌아가 환경에 아무 피해를 입히지 않는다.

새들이 자연의 건축 재료로 둥지를 만들 듯 우리 선조들 역시 자연으로 돌아가는 재료를 사용해 집을 지었다. 초가집과 흙집과 기와집을 짓고 살 때는 환경에 아무 문제가 되지 않았다. 볏짚과 흙과 기와 등은 자연으로 다시 돌아가는 건축 재료였기 때문이다.

인간의 주거공간은 초가집과 전통한옥으로부터 시작해 단독주택, 다세대주택, 아파트 등으로 건축 재료뿐만 아니라 크기와 규모와 높이까지 계속 변화했다. 특히 시간이 흐르며 시대의 상황에 따라 주거공간도 급격한 변화가 진행되었다. 일제강점기에 토지구획정리로 진행된 초기 도시화, 6·25 한국전쟁으로 인한 주택 부족, 1960년대 이후 시멘트공장의 출현과 아파트의 등장, 건축기술의 발달과 경제 성장으로 인한 주거 환경의 향상, 거대 도시화로 인한 인구 집중과 초고층

초가와 기와집으로부터 다세대주택과 고층 아파트에 이르는 주거의 변화.

아파트의 등장, 그리고 건설폐기물의 다량 발생으로 인한 환경오염과 매립지 포화라는 새로운 문제까지 덩달아 따라왔다.

초고층 아파트, 마냥 좋기만 할까?

—

그동안 재개발과 재건축은 1970-1980년대에 지어진 저층 아파트가 대상이었다. 주로 저층·저밀도 아파트를 헐고 30층짜리 고층·고밀도 아파트로 재건축을 진행했는데, 용적률 상향 덕에 조합원들은 일반분양에서 나온 개발이익으로 재건축 비용을 충당하면서 재산가치의 상승이라는 이익까지 챙길 수 있었다. 재건축 붐이 일어났던 이유이기도 하다.

이제는 30층이 넘는 고층 아파트가 대세다. 특히 2002년 서울 강남구 도곡동의 타워팰리스를 시작으로 목동 하이페리온과 도곡동 대림아크로빌과 같은 주상복합 건축물들이 본격적인 초고층 아파트 시대를 열었다. 이제 초고층 아파트는 서울만이 아니라 전국적으로 등장하고 있다. 현재 같은 상황에서 도심 재개발은 '초고층 아파트'가 대세가 될 것이다. 이전의 저층 평상형 아파트에 비해 정원도 넓고 전망이 확보되고 부동산 가격도 상승하니 재건축조합마다 초고층을 추구하게 된 것이다.

초고층 아파트는 외관과 조망권 확보를 위해서 뿐 아니라 추락사고의 위험과 거센 바람 때문에 창문을 열 수 없는 통유리 구조로 지어진다. 그런데 통유리 구조는 온실효과로 인해 냉방시설에 의존할 수밖에 없어 일반 아파트의 5배 이상의 전기를 사용하게 된다. 특히 자연 환기가 어려워 오염물질이 잘 빠지지 않아 입주민의 건강을 위협할 수 있다.

고층 아파트일수록 입주민 건강에 해롭다는 다양한 조사결과들이 보고되고 있다. 일본 도카이대학 의학부 오사카 후미오 교수는 일본의 초고층 아파트에 사는 임산부의 경우 유산과 사산 등의 이상분만 비율이 고층일수록 높다는 연구결과를 후생성에 보고했다. 1-2층에 사는 임산부의 유산율이 8.9퍼센트인데 비해 10층 이상에서는 19.4퍼센트로 무려 2배 이상 높다는 것이다.

국립환경과학원은 2008년 4월부터 2009년 5월까지 신축 공동주택에서 TVOC 및 휘발성유기화합물 43종, 카보닐화합물 7종, 총 부유미생물(세균류, 진균류) 등의 실내공기 오염물질을 조사한 결과 공동주택의 오염물질 농도가 저층이나 중층보다 고층에서 훨씬 높게 나타나는 것으로 조사되었다고 "공동주택 오염도 변화추이 파악을 위한 시계열 조사"(2009. 9)에서 밝혔다.

한국건설기술연구원도 고층이 저층보다 햇빛을 더 많이 받아 건물 자체적인 화학작용으로 인한 오염도가 훨씬 높다는 조사결과를 발표했다. 세종대 건축학과 김영욱 교수는 2019년 5월 27일자 연합뉴스 "고층 아파트의 사회적 해악"이라는 제목의 글에서 다음과 같이 강조했다.

고층 아파트들이 빽빽하게 들어서 있는 서울.

유럽이나 미국의 주거지역에는 고층 아파트가 거의 없다. 왜일까? 이들이 아파트를 고층으로 짓지 않는 데는 다양한 이유가 있지만, 고층 거주가 끼치는 해악의 심각성에 관한 연구결과도 큰 영향을 주었다.

학술적으로는 1970-1980년대에 이미 고층 아파트 거주와 정신병리학적인 증상의 관계성에 대한 연구는 거의 다 이루어졌다고 해도 과언이 아니다. 미국 코넬대학교 연구팀과 캐나다 브리티시콜롬비아대학교 연구팀은 각각 전 세계에서 진행된 고층 아파트가 사람에게 끼치는 영향에 관련된 연구를 망라해 조사했다. 두 기관의 공통적인 결론은 고층 아파트가 개인이나 가족에게뿐만 아니라 사회적으로도 부정적인 효과가 압도적이라는 것이다.

몇몇 연구결과를 예시로 살펴보자. 아파트의 고층에 거주할수록, 또 고층

초고층 아파트는 입주민의 삶의 질보다 건설회사의 최대 이익이 우선된 건축물이다.

단지에 살수록 저층에 사는 사람들보다 정신적 질환이 더 많다. 가족 간의 불화 또한 더 높은 빈도로 발생한다. 가정폭력이나 부부 간의 갈등도 더 많다. 특히 아이들에게는 고층 아파트 거주의 부정적인 영향이 더 크게 나타난다. 고층 아파트에 사는 어린이들에게는 우울증, 야뇨증, 공포장애 등 심리적 이상증세가 더 많이 관측된다. 또한 남학생들의 경우 집중력이 떨어지고 행동장애가 더 많이 나타난다. 어른들도 예외는 아니다. 고층에 살수록 우울증, 조현병을 비롯한 정신적 질환의 발생률이 더 높다. 5층 이상에 사는 사람이 4층 이하에 사는 사람보다 정신적인 이상 증상이 두 배나 더 많다는 연구도 있다. 필자가 우리나라의 영구임대아파트를 대상으로 한 연구에서도 자료의 한계가 있지만, 높은 층에 거주할수록 저층 거주자보다 자살률이 더 높다는 사실을 확인했다.…유럽이나 미국에서는 특정 지역을 제외하고는 고층 아파트를 짓지 않는다. 공동주택을 짓더라도 거의 5층 이하다. 그러나 우리는 무조건 고층으로 아파트를 지으려 한다. 고층 아파트가 분양이 잘되어 사업성이 좋다는 돈이 우선하는 논리다.

고층 아파트를 짓는 것은 단순히 산이나 강 등의 경관을 특정 계층이 사유화하는 것만의 문제는 아니다. 경관 문제보다도 더 심각한 건 사람들이 고층 아파트 위주의 주거공간에서 살게 될 때 공동체의 해체가 가속화해 '사회 공동선'이 와해된다는 것이다.…더 늦기 전에 이제부터라도 사회적 관계가 잘 일어나도록 아파트를 지어야 한다. 그렇게 하려면 저층 위주로 아파트 단지를 지어야 한다. 같은 면적의 단지에 똑같은 세대수를 짓더라도 지금처럼 고층으로 띄엄띄엄 짓기보다는 저층 위주로 건물을 서로 붙여서 건폐율이 높게 지어야 한다. 그래야 사람들 간의 '우연

한 마주침'이 더 많이 일어나고 눈에 보이지는 않지만 커뮤니티의 형성
이 시작된다. 그 기반에서 '사회의 공동선'이 형성되고, 이웃이나 타인의
어려움에 손을 내밀고 사회문제 해결에 참여하는 '사회적 지지'가 증가
한다. 이것이 '공간적 정의'(spatial justice)이며 '사회적 정의'이다.

초고층 아파트 슬럼시대가 기다린다

—

지금까지의 여러 연구결과들에 따르면, 고층 아파트일수록 건강에
나쁘고, 사회 공동선이 와해되며, 외국의 경우 우리처럼 고층 아파트
보다 저층을 선호한다는 것이다. 그런데 우리는 날이 갈수록 고층에서
초고층으로 가고 있다.

더 중요한 문제는 30년 후의 일이다. 초고층 아파트라고 그것이
50년, 100년 지속되도록 설계·시공되지 않았다. 초고층 아파트가 30년
뒤 노후되어 재건축해야 할 상황이 되면 어떤 일이 벌어질지 생각해보
았는가?

땅은 좁고 인구가 많다는 이유로 건물들이 하늘 높이 치솟고 있는
데, 정말 초고층 아파트가 미래를 조금이라도 생각한 건축물일까? 저
출산으로 인한 인구 감소와 초고령사회의 도래는 이제 누구나 아는 상
식이 되었다. 그뿐만 아니라 소득증가율의 정체와 중산층의 몰락이 심
화되리라는 것은 미래학자들이 하나같이 지적하는 문제다. 이런 상황
에서 노후되고 재건축도 어려운 초고층 아파트가 과연 지금처럼 재산
가치로 제 기능을 하며 입주민들이 원하는 가격으로 매매될까?

지금도 많은 아파트가 낮은 수익성 때문에 재건축에 어려움을 겪고 있다. 용적률을 올리는 데 한계가 있어 재건축에 소요되는 예산을 아파트 소유주들이 모두 감당해야 하기 때문이다. 초고층 아파트가 재건축을 할 때가 되면 상황은 더 심각해질 것이다. 결국 초고층 아파트의 재건축은 어려워지고 '초고층 아파트 슬럼시대'를 맞이할 것이다.

지금 당장은 수익성 때문에 초고층 아파트가 인기를 끌지만, 앞으로 30여 년 뒤엔 해결하기 어려운 사회문제가 될 수 있다. 재건축 아파트마다 초고층화되는 요즘, 정부는 과연 미래를 생각하며 허가해주고 있는지 심히 우려된다. 지금 당장의 이익만 고려할 뿐 겨우 30년 뒤도 생각하지 못하는 대한민국의 도시정책이 두렵다.

경관의 공공성을 회복하는 길만이

숨이 콱 막힌다. 저 멀리 보이던 산 능선이 언제부턴가 사라졌다. 수평선처럼 길게 늘어선 아파트들이 산 능선보다 더 높이 치솟았기 때문이다. 아파트가 산 능선만 가린 게 아니다. 곳곳에 산을 푹 파내고 아파트를 건설하는 현장도 많다.

산보다 더 높이 솟아오른 아파트. 이제 도심에서는 저 멀리 바라보이던 아름다운 능선들을 더 이상 감상할 수 없다. 대한민국 도시 건축에서 경관은 전혀 고려되지 않는다. 그저 건설업자들의 더 많은 이익을 위한 콘크리트 정글이 되었다. 20~30년 뒤면 쓰레기로 전락할 아파트들이 도시 경관을 망가트리고 있다.

언제까지 20~30년짜리 아파트로 미래도 문화도 없는 도시를 만들도록 방치해야 할까? 정말 해결책은 없는 것일까?

한강변을 차지한 아파트에 가려 서울 남산이 사라졌다. 남산타워 꼭대기만 살짝 보인다.

경관은 고사하고 산을 잘라내고 고층 아파트가 들어섰다.

품격 있는 국토 경관 조성을 위해

—

"국토의 체계적 경관 관리를 위하여 각종 경관 자원의 보전·관리 및 형성에 필요한 사항들을 정함으로써 아름답고 쾌적하며 지역 특성을 나타내는 국토환경 및 지역 환경의 조성에 기여함을 목적으로 한다"는 경관법이 2007년 5월에 제정되었다.

지자체마다 건축물에 대해 경관심의를 하고 있다. 국토교통부의 경관심의 운영지침에 따르면, '경관심의'는 공공 건축물 및 시설물 등이 주변의 경관과 조화를 이루어 아름답고 지역성 있는 경관을 창출하여 품격 있는 국토 경관을 조성하는 데 목적이 있다고 한다.

경관의 소중함을 강조하기 위해 제정된 "대한민국 국토경관헌장"도 있다. 국토교통부는 2017년 5월 17일, 국토 경관은 모두가 잘 지키고 발전시켜 미래 세대에 물려주어야 할 공공의 자산이라는 내용의 "대한민국 국토경관헌장"을 제정해 발표했다.

경관법도 제정되고, 지자체마다 경관심의가 있고, 대한민국 국토경관헌장도 제정해 경관의 중요성을 강조하고 있다. 그렇다면 대한민국에 아름답고 지역적 특성이 있는 경관과 자연환경을 잘 보존한 도시가 있을까? 도시 건축물들로 인해 품격 있는 국토 경관을 이루고 있는 도시가 있을까?

대한민국 국토경관헌장

국토를 가치 있게, 국민을 행복하게, 미래를 아름답게

아름다운 산과 강, 바다와 섬으로 이루어진 대한민국 국토는 우리 삶의 터전이자 정신과 문화의 뿌리이다. 우리는 이곳에서 고유한 역사를 가진 마을과 도시를 형성하면서 자연과 어우러진 국토 경관을 만들어왔다.

국토 경관은 모두가 잘 지키고 발전시켜 미래 세대에 물려주어야 할 공공의 자산이다. 우리는 지난 경제성장 과정에서 경관의 소중함을 깨닫지 못하였다. 이에 국토 경관에 대한 인식을 새롭게 하여 널리 알리고자 다음과 같이 다짐한다.

우리는 자연과 인간이 조화를 이루는 경관을 추구한다.

우리는 경관 자원을 적극적으로 발굴하고 보전하며 활용한다.

우리는 주민과 함께 지역 특성을 살린 다양한 경관을 가꾼다.

우리는 국토 경관의 가치를 지속적으로 교육하고 확산한다.

우리는 국제 교류를 통해 대한민국 국토 경관을 세계에 알린다.

이상에서 밝힌 다짐을 실천하여 국민에게는 행복을, 다음 세대에게는 희망을 주는 품격 있는 대한민국 국토 경관을 만들어 나아간다.

서로 모두 닮아가는 이상한 병에 걸린 나라

—

서울에 있는 아파트와 똑같은 이름과 모양의 아파트가 경기도 곳곳에도, 부산과 여수에도, 심지어 제주도에도 있다. 아름다움은 고사하고 지역적 특성이라곤 어디서도 찾아볼 수 없다. 품격 있는 국토 경관을 조성하기보단 서로 먼저 좋은 전망을 차지하기 위해 하늘 높이 치솟다 보니 지역의 아름다운 경관은 모두 가려졌다. 산 능선은 고사하고 하늘조차 보기 힘들어졌다.

이광윤은 "경관법 제정의 세계화와 한국의 과제"라는 논문에서 "경관은 환경에 있어서 삶의 질과 인권으로부터 분리할 수 없는 요소에 해당된다"고 강조했다. 경관은 삶의 질이고 인권이다. 아름다운 경치를 바라볼 수 있는 경관권은 모든 국민에게 주어진 기본적인 권리다. 그러나 이 기본 권리가 대한민국에선 지켜지지 않는다.

위 논문에서 소개한 유럽경관협약(2000년 이탈리아의 피렌체에서 체결)에

경관을 중시하는 유럽의 도시와 달리 한국은 서로 높이 오르려는 경쟁에 빠진 것 같다. 땅이 작고 인구밀도가 높다는 이유만으로 저 미친 도시 건축을 합리화할 수는 없다.

따르면, "경관은 공동의 자산이며, 공공정책의 대상이며, 유럽 협력의 대상"임을 특성으로 한다. 그러나 한국의 경관은 하룻밤 자고 나면 쑥 키가 자라 있는 새 고층 아파트로 인해 사라져가고 있다. 건축물이 공공의 자산인 주변 경관에 미치는 영향에 대한 고려가 전혀 없다.

건축에 필요한 모래와 자갈이 향후 70년 치밖에 남지 않은 부존자원의 심각한 부족 앞에서도 새로 건축하는 아파트가 앞으로 얼마나 오래 지속될 것인가 고민하지 않는다. 그저 지금 당장 토지의 용도에 맞는 용적률에 맞춰 최대의 이익을 뽑아내는 것이 최고의 목표다. 미래도 문화도 없는 20-30년짜리 하루살이 도시가 반복되고 있다.

그동안 우리는 공급 위주의 대규모 개발로 주택난을 해소하고 도시 발전에 기여해왔다. 그 결과 획일적인 도시 경관을 갖게 되었다. 정부는 뒤늦게 경관의 중요성을 깨달아 2007년 경관법을 제정했고, 경관법 제6조(경관정책기본계획의 수립 등) "①국토부장관은 아름답고 쾌적한 국토 경관을 형성하고 우수한 경관을 발굴하여 지원 육성하기 위하여 경관정책기본계획을 5년마다 수립·시행하여야 한다"는 규정에 따라 2015년 7월 제1차 경관정책기본계획(2015-2019)을 마련했다.

대규모 개발보다 보존·재생·활용 등의 관리·개선정책으로 전환되어 국토 관리의 필요성이 증대되고, 아름답고 정감 있는 경관 형성과 공간 환경의 질적 향상 등을 통해 모든 국민이 향유할 수 있는 공간복지 확대 필요성이 강조됨에 따라 체계적인 경관 관리의 필요성이 증대되기 때문이라는 이유였다.

그러나 전국의 건설현장에서 국민의 삶의 질과 아름답고 정감 있는 경관을 고민한 흔적은 전혀 찾아볼 수 없다.

중점경관지구임에도 불구하고 산 능선이 통째로 사라지고 흉물스러운 타운하우스가 들어섰다.

경기도 용인시 한국민속촌 입구는 몇 해 전까지만 해도 초록빛 나무로 우거진 산이었다. 그러나 지금은 산은 통째로 사라지고 타운하우스들로 가득하다. 게다가 건설업체의 부도로 공사가 몇 년째 중단되어 건축현장은 경매에 붙여졌고, 사전에 공사비를 완불한 수분양자들은 억울함에 통곡하고 있다.

2018년 7월부터 2019년 8월까지 나는 '용인시 난개발조사 특별위원회' 위원장직을 맡아 난개발 현장을 조사하고 대안을 마련해 백서를 발간했다. 하루는 특위 사무실을 나서다 용인시청 건축허가 담당자를 만났다. 그의 입에서 기대하지 못한 이야기가 흘러나왔다.

"위원장님, 제가 생각해도 민속촌 앞은 너무 심했어요."

용인시청 건축허가 담당자가 생각해도 걸맞지 않은 건축이 이루어진 곳. 놀랍게도 이곳은 용인시가 중점경관관리구역으로 지정해 관리하는 곳이다.

경관법 제9조(경관계획의 내용)에는 중점경관관리구역을 "중점적으로 경관을 보전·관리 및 형성하여야 할 구역"이라고 규정하고 있으며, 지자체는 조례로 중점경관관리를 위해 경관심의 대상으로 건축물을 규정하고 있다. 그러나 용인시 민속촌 앞에 지어진 타운하우스처럼 경관심의 규정 층수 이하의 건축물로 경관을 초토화하면, 이를 막을 길이 없다.

경관을 보호할 필요가 있어 중점경관관리구역으로 지정한 곳도 이러한데 하물며 다른 곳의 경관은 제대로 보호될까?

개발법의 들러리에 불과한 경관법

—

2007년 경관법이 제정되어 경관의 보전뿐 아니라 적극적인 경관 형성을 위한 계획과 관리가 가능한 여건이 조성되었다. 그러나 여전히 숨 막히는 건축물만 들어서는 이유는 무엇일까? 경관법이 개발 관련법의 하위 규정에 불과해 경관법을 통한 난개발 해결에 한계가 있기 때문이다.

경관법 제5조(다른 법률과의 관계)는 "경관의 보전·관리 및 형성 등에 관하여 다른 법률에 특별한 규정이 있는 경우를 제외하고는 이 법에서 정하는 바에 따른다"며 개발 관련 타법을 우선 받아들이는 것을 전제하고 있으며, 경관법 제9조(경관계획의 내용)은 경관계획이 도시계획과 다를 경우 도시계획이 우선한다고 규정하고 있다.

④ 경관계획은 도시·군기본계획(국토의 계획 및 이용에 관한 법률 제2조 제3호에 따른 도시·군기본계획을 말한다. 이하 같다)에 부합되어야 하며, 경관계획의 내용과 도시·군기본계획의 내용이 다른 경우 도시·군기본계획이 우선한다.

국토 경관이 미래 자산임을 강조하지만, 현실의 경관법은 개발법의 들러리에 불과하다. 이처럼 유명무실한 조문에 불과한 경관법의 위상과 국민 인식에 변화가 필요하다. 경관 자체가 공유자산임을 인식하여 누구도 경관을 독점할 수 없게 해야 대한민국 국토를 좀먹는 아파트공화국 문제를 조금이나마 해결할 수 있다.

경관의 소중함을 인식해야

—

재개발과 재건축 아파트에서 도시 경관은 고려되지 않는다. 입주자는 돈을 가장 적게 들이고, 건설회사는 최대한의 이익을 창출하기 위한 방법만이 모색될 뿐이다. 결국 비용을 최소화해 최대의 이윤을 창출하기 위한 방법으로 초고층 아파트가 들어서고, 도시 경관은 더욱 숨 막혀간다.

도시가 아파트로 가득 차면서 자연경관이 사라졌다. 문제는 이뿐만이 아니다. 기후변화로 여름이면 도시의 기온이 급상승해 열섬현상이 발생한다. 고층 아파트 사이로 더운 바람이 빠져나갈 바람 길이 없기 때문이다. 결국 에어컨을 통해 해결할 수밖에 없어 에너지 낭비를 초래하고, 도심은 더 뜨겁게 달궈진다.

경관이 사라지고 바람 길이 차단된 숨 막히는 도시는 시민들의 삶의 질 역시 떨어뜨릴 수밖에 없다. 경기연구원은 〈더 이상 방치할 수 없는 도시 경관의 해법〉(2017. 1)에서 숨 막히는 서울의 경관을 건축가 김인철의 '각국 수도 경관의 비교'를 통해 한눈에 보여주며, 다음의 글을 인용한다.

그림을 봤는데 세계 주요 도시들을 평면에서 나타낸 거였어. 왜 서울을 안 그렸지 하면서 서울을 덧붙였는데, 서울을 더해서 올렸더니 세계인이 공감하며 전 세계로 나가고 있어. 한강 유람선을 타면 진짜 이런 분위기야. 건축은 분명히 사유재산이야. 하지만 동시에 공동의 재산이기도 하거든. 내 집 내 맘대로 짓겠다면 그건 큰 오해야. 내 집이지만 지어지면 나만 보는 게 아니라 남들도 다 보거든.

도자기를 만드는 사람은 도자기를 산 사람만 봐. 미술관에 가져다놔도 오는 사람만 보고. 그런데 건축은 보기 싫어도 만들면 어쩔 수 없이 봐야 하잖아. 건축의 공동성을 강조하는 게 그런 거야. 공공은 퍼블릭이지만 공동은 우리 거, 우리 동네 거라는 이야기지.

우리는 참 이상한 게 우리라는 말 잘 쓰잖아. 우리 마누라, 우리 남편… 그런데 실제로 우리 이야기해야 할 곳에서는 나만 이야기해. 앞뒤 안 맞는 모순을 버리지 못하는 거지. 결국은 한 나라의 도시나 건축을 결정하는 건 사회적 문화 수준이야. 역사적·정치적·경제적… 이런 다양한 수준이 필요한 거지.

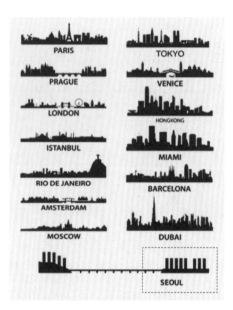

각국의 수도 경관 비교(건축가 김인철)

　날로 치솟는 아파트공화국의 해악을 해결하는 한 방법으로 '경관의 공공성을 회복하는 것'을 들 수 있다. 경관의 우선순위가 지켜지면, 새 아파트라는 이름으로 횡횡하는 막개발이 점차 줄어들고, 환경도 보호하고, 우리의 삶의 질도 올라가고, 향후 발생할 건설폐기물도 줄어들 것이다.

새 아파트도 이상기후의 공범이다

기후 이상으로 호주에 수개월째 산불이 타오르며 10억 마리 이상의 생명이 불타 죽는 재앙이 발생했다. 지구의 기후위기가 날로 심각해지고 있다. 이젠 단순히 위기를 넘어 기후재앙이 일상이 되었고, 위기에 처한 지구를 구하기 위해서는 지금 당장 변화가 수반되는 행동을 취해야 한다.

〈뉴스한국〉은 이미 10년 전인 2011년 6월 15일자 기사 "지구 이상 기후, 한반도는 아열대기후"에서 이상기후로 인해 전 세계에서 발생하고 있는 가뭄과 홍수와 폭염과 해수면 상승 등의 환경재앙을 다음과 같이 보도했다.

기후변화로 인해 지구에 발생하는 현상들이 더 이상 이례적인 현상이 아니라 일상이 됐다고 영국 일간 〈가디언〉이 13일(현지시간) 보도했다.

세계기상기구(WMO)는 "최근 10년간 비정상적 기후의 피해는 일상이 되고 있으며, 더 심각해지고 가속화되고 있다"고 설명했다. 최근 서유럽 16개국을 비롯해 중국과 미국은 최악의 가뭄을 겪고 있고, 지난해 동유럽과 러시아에서는 평년 기온보다 6℃나 높은 이상고온이 수 주간 이어져 사망자가 예년보다 5만 명이나 늘었고 막대한 농작물 피해를 초래했다. 호주는 최악의 홍수로 300억 달러의 피해를 입었고, 미국은 올 들어 이미 1천 개 이상의 토네이도가 발생했고 500명 이상의 사망자를 냈다. 뿐만 아니라 에티오피아와 케냐, 소말리아에서는 몇 년째 가뭄이 지속되면서 수백만 명이 기아위기에 시달리고 있다.

이에 대해 옥스팜 보고서의 저자 스티브 제닝스는 "기상 재난은 전 지구적으로 잇따르고 있다"며 "이 현상을 가장 잘 표현하는 말은 지구 온난화보다는 '지구 이상화'일 것"이라고 단언했다.

이러한 지구적 기후변화로 인한 피해는 한국도 예외가 될 수 없다. 기상청 보고에 따르면 2020년부터 남부지방, 2070년이면 한반도 남녘 전체가 아열대기후가 된다.

지난 80년간 겨울철은 지역에 따라 약 22-49일 짧아졌고, 반대로 봄철은 6-16일, 여름철은 13-17일 길어졌다고 국립기상연구소가 밝혔다. 또한 서울의 경우 2090년엔 여름이 5월 초순에서 시작해 10월 중순까지 늘어나고, 12월 말에 시작한 겨울은 2월 중순이면 봄이 일찍 찾아올 것이라고 전망했다.

때문에 남한에서만 2100년까지 2800조 원의 경제적 피해를 볼 수 있다고 한국환경정책·평가연구원(KEI)은 예상했다. 연구원에 따르면 2100년까지 기온이 평균 4도 정도 오르면서 해수면이 1미터 이상 높아져 침식과 범람이 일어나고 111개 해안 모래사장이 사라지면서 1400조 원

상당의 피해가 발생한다.

또 벼와 보리의 생육기간이 짧아져 제대로 결실을 맺지 못한 데 따른 생산 감소, 공업·농업용수 등 수자원 부족, 침엽수림 감소 등 식생 변화, 보건환경 악화 등으로 인한 각종 피해를 볼 것이다.

국제사회 흐름에 역행하는 청개구리 대한민국

—

기후변화가 태풍과 홍수와 가뭄 등의 자연재해를 일으키고 인류의 생존을 위협하자 UN을 중심으로 기후변화에 대응하기 위한 국제적인 협상체계를 마련하기 시작했다. 1992년 6월 브라질 리우데자네이루에서 개최된 유엔환경개발회의(UNCED)에서 선진국과 개도국이 각자의 능력에 맞게 온실가스를 감축하기로 약속하는 유엔기후변화협약(UNFCCC: United Nations Framework Convention on Climate Change)을 채택했다.

2015년 파리에서 개최된 제21차 유엔기후변화협약에서는 선진국에만 온실가스 감축 의무를 부과하던 1997년의 교토의정서를 넘어 2020년부터 모든 국가가 기후행동에 참여해 온실가스 감축 목표를 5년 단위로 제출하고, 2023년부터 5년 단위로 파리협정의 이행 및 장기목표 달성 평가를 실시한다고 규정했다.

이에 따라 우리나라도 2009년에 "2020년 온실가스 배출 30퍼센트 감축", 2015년 6월엔 "2030년 온실가스 배출전망(BAU) 대비 37퍼센트 감축" 목표를 제출함으로써 기후변화에 대비하는 국제사회의 노력

세계는 기후위기를 극복하기 위해 탈석탄으로 가고 있는데, 우리는 석탄화력발전소 7기를 새로 짓고 있다.

에 동참했다.

그러나 국제사회에 제시한 한국의 이산화탄소 배출량 감축 목표와 현실은 너무나 다르다. 2007-2017년 10년 동안 OECD 회원국 전체의 이산화탄소 배출량은 8.7퍼센트 줄었으나, 같은 기간 한국의 이산화탄소 배출량은 오히려 24.6퍼센트 증가했다. 이는 개발도상국을 포함한 전 세계의 평균 증가율(11.2퍼센트)의 2배에 이른다.

특히 선진국은 온실가스와 미세먼지 배출이 많은 석탄화력발전소를 퇴출시키고 있다. 그러나 한국은 오히려 석탄 소비량이 계속 증가해 온실가스 배출 후진국이 되었다. 국내 전력 생산 중 석탄화력발전 비중이 증가했기 때문이다.

2019년 9월 23일 문재인 대통령은 유엔 기후행동 정상회의 기조

연설에서 "한국은 파리협정을 충실히 이행하고 있으며, 동아시아 최초로 전국 단위 배출권 거래제를 시행하고 있고, 석탄화력발전소 4기를 감축했고, 2022년까지 6기를 더 감축할 예정"이라고 발표했다. 그러나 안타깝게도 충남 서천화력을 비롯해 총 7기의 석탄화력발전소가 새로 건설되고 있어 앞으로도 이산화탄소 배출 감축은 달성하기 어렵다.

시멘트산업과 이산화탄소

—

우리는 새집을 선호한다. 그래서 같은 지역의 아파트라도 새집이 수억 원씩 더 비싸다. 여기저기 새 아파트가 끊임없이 올라가고 있다. 그런데 새 아파트도 지구의 기후위기를 초래하는 한 원인이다. 새 아파트가 왜 기후위기의 공범 중 하나가 되는 것일까? 그 이유를 알아보자.

국내 아파트는 콘크리트 건축물이다. 콘크리트는 시멘트와 철근을 반드시 필요로 하는데, 철근과 시멘트 생산은 지구 온난화의 유발물질인 이산화탄소를 다량 배출하는 산업이다.

한국기업지배구조원은 2019년 6월 20일, "국내외 기업의 온실가스 배출 현황"에서 2017년 기준으로 온실가스 배출 상위 10퍼센트에 해당하는 기업이 전체 배출량의 약 87퍼센트를 배출한다고 밝혔다. 특히 온실가스 배출 20위 기업을 살펴보면, 포스코가 전체 배출량 중 11.3퍼센트로 1위를 차지하고, 7위가 현대제철이며, 시멘트공장이 5개나 포함되어 있다. 특히 시멘트 업종은 국내 온실가스 발생량의 8.3퍼센트를 차지한다.

온실가스 배출 순위 20위 기업

법인명	지정업종	온실가스 배출량 (tCO2eq)	에너지 사용량 (TJ)
주식회사 포스코	철강	73,056,069	417,949
한국남동발전	발전·에너지	59,101,362	658,805
한국동서발전 주식회사	발전·에너지	37,950,777	457,227
한국서부발전	발전·에너지	33,848,339	424,796
한국중부발전	발전·에너지	33,662,095	419,850
한국남부발전 주식회사	발전·에너지	32,107,525	425,191
현대제철 주식회사	철강	19,573,202	314,234
포스코에너지(주)	발전·에너지	12,439,923	116,385
쌍용양회공업 주식회사	시멘트	12,015,798	61,568
현대그린파워 주식회사	발전·에너지	10,912,754	51,288
주식회사 엘지화학	석유화학	7,200,851	140,681
동양시멘트 주식회사	시멘트	6,826,287	37,423
삼성전자 주식회사	반도체	6,667,896	111,166
성신양회(주)	시멘트	6,076,309	30,655
엘지디스플레이(주)	디스플레이	5,765,149	60,146
지에스칼텍스 주식회사	정유	5,647,817	105,284
롯데케미칼 주식회사	석유화학	5,598,207	108,008
라파즈한라시멘트 주식회사	시멘트	5,382,697	29,881
S-Oil(주)	정유	5,184,402	101,487
한일시멘트 주식회사	시멘트	4,644,300	26,077

· 온실가스종합정보센터.

온실가스 배출 순위 20위 기업에 제철소 2개, 시멘트공장 5개 포함되어 있다.

한국건설관리학회 논문집 제8권 《CO_2 배출 특성을 고려한 건설폐기물 관리방안 수립 기준: 고층 주거건물 건설 프로젝트를 대상으로 한 사례조사》(2007. 12)를 보면, 아파트 건설은 "건축 공사, 토목 공사, 전기 공사, 기계설비 공사, 조경 공사"로 구분되고, 철근·시멘트·강관·합판·플라스틱·석고·도료 등의 다양한 자재가 필요한데, 이중 철근(62.70퍼센트)과 시멘트(12.23퍼센트)가 CO_2 배출량의 총 74.93퍼센트를 차지한다는 조사 결과가 나온다.

결국 새 아파트는 철근과 시멘트를 필요로 하고, 이는 기후위기 유발물질인 이산화탄소의 증가를 부추기는 원인 중 하나가 되는 것이다.

시멘트는 석회석을 주원료로 점토와 철광석과 규석을 혼합해 소성로에서 1400도의 고온에 태워 만들어지는데, 이산화탄소가 발생하는 과정과 요인은 다음과 같다.

석회석($CaCO_3$)에 고온의 열(Heat)을 가하면 석회(CaO)가 생성되며, 그 과정에서 이산화탄소(CO_2)가 배출된다.

$$CaCO_3 + Heat \rightarrow CaO + CO_2$$

시멘트는 소성로에서 석회석을 고온에 구울 때 유연탄을 사용하는

시멘트 1톤 제조 시 발생되는 CO_2 배출량

과정별 CO_2 발생	석회석 탈탄산 과정	유연탄 연소 과정	설비에서 전력 사용
총 발생량 822(kg)	579	195	47
비중(%)	67.5	26.7	5.8

* 연세대학교 사회환경시스템공학부, "시멘트 생산과정에 따른 CaO 함량과 CO_2의 발생량"(2013. 8).

시멘트의 원료인 석회석을 채굴하는 현장. 석회석이 고온의 열을 받아 석회가 되는 과정에서 다량의 이산화탄소가 발생한다.

데, 이 과정에서도 CO_2가 발생한다.

연세대학교 사회환경시스템공학부 논문 "시멘트 생산과정에 따른 CaO 함량과 CO_2의 발생량"에 따르면, "시멘트 1톤 제조 시 평균 822킬로그램의 CO_2가 발생하는데, 시멘트 생산과정별 이산화탄소 배출원은 크게 시멘트 소성로에서 석회석의 탈탄산에 따른 CO_2 배출량이 전체 CO_2 배출량의 67.5퍼센트, 소성로를 고온으로 유지하기 위한 유연탄 연소에 따른 CO_2 배출량이 전체 배출량의 26.7퍼센트, 그리고 설비에서 전력 사용에 다른 CO_2 배출량이 5.8퍼센트를 차지한다."

시멘트산업이 파리기후변화협정에서 요구하는 기준을 맞추려면 CO_2 배출량을 2030년까지 16퍼센트 이상 줄여야 한다. 그동안 시멘트산업은 이산화탄소와 미세먼지를 다량 배출하면서도 도로와 항만과 국민주택 건설 등에서 필요로 하는 국가 기간사업이라는 이유로 사회적 책임을 간과해온 측면이 있었다. 그러나 지구가 온실가스로 인한 기후재앙에 직면한 현실에서 시멘트 기업들도 이제 온실가스를 감축하기 위해 노력하지 않으면 심각한 규제를 받게 되었다.

한국의 1인당 이산화탄소 배출량은 10.9톤으로, 국민소득이 우리보다 높은 독일(9.3톤), 일본(8.6톤), 영국(8.4톤)보다 훨씬 많다. 국내 에너지원 중 석탄화력 비중이 높을 뿐만 아니라 20~30년마다 부수고 짓는 일로 그 어느 나라보다 시멘트 소비량이 많기 때문일 것이다.

시멘트 제조의 특성상 석회석 원료의 탈탄산 과정과 에너지 사용에 따른 이산화탄소 배출을 줄이는데 한계가 있다고 전문가들은 지적한다. 이산화탄소 발생을 조금이라도 줄이려는 세계적 추세에 따라 방법은 하나뿐이다. 가능한 한 시멘트를 덜 사용하는 건축을 지향하고, 콘크리트 건축물의 수명이 긴 공법으로 설계함으로써 쉽게 부수고 짓는 일을 줄이는 것이다.

시멘트산업은 기후위기 유발물질인 이산화탄소를 다량 배출한다.

1인당 시멘트 소비 세계 1위인 나라

현재 우리나라 국민 1인당 시멘트 소비량은 중국과 사우디아라비아에 이은 세계 최고 수준이다. 시멘트 소비량이 많다는 것은 다양한 문제를 유발할 가능성이 높음을 의미한다. 첫째, 시멘트 생산과정에서 기후위기를 부르는 온실가스를 다량 발생시키고, 둘째, 모래와 자갈의 소비가 증가해 부존자원의 고갈을 초래하며, 셋째, 향후 노후 건축물 철거 시 건설폐기물이 다량 발생해 환경오염이 예상된다.

1980년대 후반 정부의 수도권 주택 200만 호 공급, 지하철과 같은 사회간접자본 확충, 88올림픽 특수, 1990년대 초 일산·분당·평촌·산본·부천·중동 등에 수도권 5개 신도시 건설 등으로 건설경기가 과열되었다. 그 결과 우리나라의 국민 1인당 연간 시멘트 소비량이 세계 1위 수준인 1.3톤이나 되었다.

통계청과 한국시멘트협회의 "시멘트 수급 현황"에 따르면, IMF로 건설경기가 꺾이고 주택공급이 점차 안정되며 1인당 시멘트 소비량이

시멘트 수급 현황

(단위: 천 톤, kg)

연도		2005	2006	2007	2008	2009	2010	2011	2012
공급	생산	47,197	49,199	52,182	51,653	50,126	47,420	48,249	46,862
	수입	3,403	3,198	2,917	1,985	831	772	683	728
수요	내수	46,286	48,386	50,801	50,637	48,470	45,493	44,601	43,938
	수출	4,204	3,987	4,123	3,006	2,487	2,761	4,484	3,150
1인당 소비량(kg)		962	1,002	1,048	1,042	994	931	896	879

* 통계청, 한국시멘트협회.

1톤 이하로 줄었다. 그러나 최근 아파트값 상승으로 인한 집값 안정화 대책으로 신도시 개발이 추진되며 다시 시멘트 사용량이 증가할 추세다.

시멘트는 무게가 많이 나가는 제품으로 수출보다는 내수에 치중하는 산업이다. 노태우 정부 시절 건설경기 호황으로 시설 투자를 확대했으나, 이후 경기가 악화하자 공급능력이 소비량보다 높게 되었다. 이에 시멘트 기업들은 시멘트를 다량 생산한 후 남는 시멘트를 저렴한 가격에 수출해 생산비를 건져왔다. 그러나 앞으로는 이런 방식의 시멘트 수출이 어려워진다. 수출 시멘트가격이 떨어지고, 온실가스 관련 환경비용이 가중되고, 시멘트 생산량에 비례하는 지역자원시설세 신설이 추진되고 있기 때문이다.

〈시멘트산업의 현황과 과제〉(한국은행, 2011)에 따르면, "세계적으로 국민소득 2만 달러를 기점으로 소득이 높아질수록 시멘트 소비량이 줄어드는 경향을 보인다." 국민소득 2만 달러를 넘어가며 국민의 주거 및 도로·항만 등의 기반시설이 안정되면 시멘트 소비량이 줄어들기 때문이다.

강원도 영월에 있는 석회석 광산 모습.

　우리나라 역시 국민소득의 증가로 1995년 1인당 시멘트 소비량이 1.3톤에 이르렀으나 2000년에 들어 소비량이 1.0톤으로 점차 감소했다. 그럼에도 JP모건(Lafarge, Sustainability report 2009)에 따르면, 한국의 국민 1인당 시멘트 소비량은 사우디아라비아와 중국에 이어 세계 최고의 수준임을 알 수 있다.

　한국시멘트협회 홈페이지의 '세계 시멘트 수급 통계'에 따르면, 2010년 기준 인구 3억 명인 미국의 시멘트 소비량은 6860만 톤이고, 인구 1억 2800만 명인 일본의 시멘트 소비량이 4천만 톤인데 비해, 인구 4900만에 불과한 한국의 시멘트 소비량은 4550만 톤에 달했다. 국민 1인당 시멘트 소비량이 줄어들긴 했지만 미국, 일본과 인구대비 시멘트 소비량을 비교해보면 여전히 우리나라의 시멘트 소비량이 얼마나 많은지 확인할 수 있다.

중국과 사우디아라비아에 이어 시멘트 소비량이 많은 한국

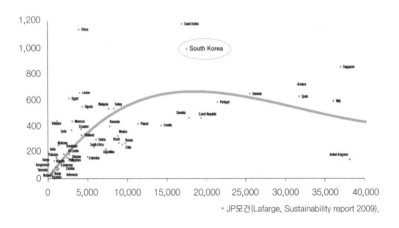

* JP모건(Lafarge, Sustainability report 2009).

	미국	일본	한국
시멘트 생산량(2010년) (단위: 백만 톤)	68.6	40.0	45.5
인구(2010년)	3.068억 명	1.28억 명	4,905만 명

시멘트 소비량이 많은 이유

—

국토 면적이 넓지 않은 나라에서 시멘트 소비량이 많은 이유가 무엇일까? 대부분의 건축물이 콘크리트 건축물이고, 20-30년마다 재건축이나 재개발을 추진해 건축물의 수명이 짧기 때문이다. 또 주택가격 안정을 위한 신도시 건설계획으로 인해 건축 수요가 증가하고, 지하철과 도로 등 사회간접시설 확충이 계속되기 때문이다.

한국건설산업연구원은 〈건자재 산업 동향 및 전망: 레미콘〉(최민수, 2004)에서 인구 및 면적 대비 레미콘의 소비량에 대해 "인구 1인당 레미콘 소비량은 각국의 건설활동량 및 사회간접자본에의 투자를 가늠해볼 수 있는 척도라고 할 수 있다. 2002년 레미콘 출하량을 기준으로 국내의 인구 1인당 레미콘 소비량은 2.9m³/인으로서, 미국 1.08m³/인, 일본 1.09m³/인과 비교하여 3배 가까이 높은 수준으로 나타나고 있다"며 콘크리트 건축물을 짓는 레미콘 소비량이 세계 최고임을 지적했다.

특히 위 보고서는 우리나라의 1인당 레미콘 소비량이 높은 원인으로 "첫째, 선진 외국의 경우 1980년대에 이미 주택보급률이 대부분 100퍼센트를 넘어서 신규 주택 수요가 높지 않은 반면, 우리나라의 주택보급률은 2003년에 들어 처음으로 100퍼센트를 넘어섰으나 국내의

건설현장에 콘크리트를 공급하는 레미콘 차량들.

인구 1인당 레미콘 및 시멘트 소비량

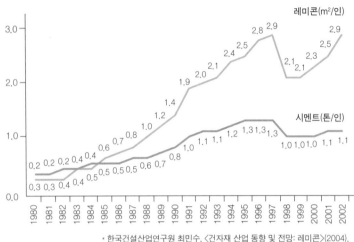

* 한국건설산업연구원 최민수, 〈건자재 산업 동향 및 전망: 레미콘〉(2004).

각국의 인구 1인당 레미콘 소비량(2001년 기준)

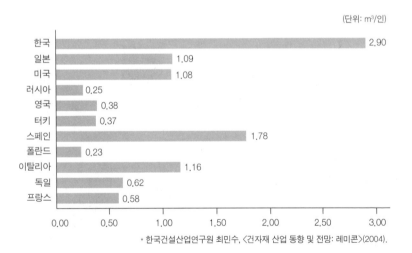

* 한국건설산업연구원 최민수, 〈건자재 산업 동향 및 전망: 레미콘〉(2004).

건설투자가 매우 높은 수준을 유지하고 있기 때문이며, 둘째, 외국의 경우에는 단독주택 위주의 주거 문화를 형성하고 있고, 이에 따라 목조·조적조·철골조 등으로 수요가 다변화되어 있으나, 우리나라의 건설공사는 철근콘크리트 위주로 이루어지고 있으며, 신규 착공 주택의 90퍼센트 이상이 공동주택이며, 이러한 공동주택은 대부분 벽식의 철근콘크리트 구조로 시공되어 과다한 콘크리트 재료의 수요를 유발하게 되는 것"이라고 설명했다.

또 국내에 시멘트의 원료인 석회석 부존량이 풍부하며, 시멘트와 골재가 목재나 철강재와 비교해 가격이 저렴하며, 특히 철강재의 경우 설계와 시공 분야의 전문가가 부족하다는 점을 지적하고 있다.

주택 노후화로 인한 재개발과 재건축 증가

—

통계청에 의하면 2018년 11월 1일 기준 총 조사인구가 5163만 명이고, 가구수는 2050만 가구로 2017년에 비해 33만 가구(1.6퍼센트)가 증가했다. 국내 주택은 1763만 호인데, 이중 아파트가 1083만 호로 국내 전체 주택의 약 61.4퍼센트를 차지한다.

주택의 변화를 살펴보면, 단독주택은 2017년 396만 3천 호(23.1퍼센트)에서 394만 9천 호(22.4퍼센트)로 1만 4천 호가 감소한 반면, 아파트는 2017년 1038만 호(60.6퍼센트)에서 2018년 1083만 호(61.4퍼센트)로 45만 호 증가했다. 1년 동안 재개발과 재건축이 많았고, 그로 인해 시멘트 소비량 또한 증가했으리라는 것을 알려준다.

연도별·주택유형별 거주 가구 변화

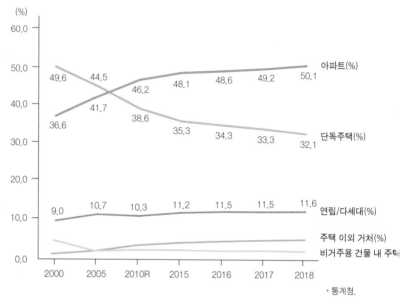

(%)

	2000	2005	2010R	2015	2016	2017	2018
아파트(%)	36.6	41.7	46.2	48.1	48.6	49.2	50.1
단독주택(%)	49.6	44.5	38.6	35.3	34.3	33.3	32.1
연립/다세대(%)	9.0	10.7	10.3	11.2	11.5	11.5	11.6

주택 이외 거처(%)
비거주용 건물 내 주택

* 통계청.

통계청의 연도별·주택유형별 거주가구 변화에 따르면, 단독주택은 줄어들고 아파트가 증가했음을 알 수 있다.

특히 총 주택 1763만 호 중 20년 이상 된 주택이 840만 호(47.7퍼센트)로 2017년 797만 호(46.5퍼센트)에 비해 44만 호 증가했다. 단독주택 395만 호 중 20년 이상 된 단독주택은 290만 호(73.4퍼센트)이고, 30년 이상 된 단독주택은 무려 195만 호(49.3퍼센트)에 이른다. 또 아파트의 경우 1083만 호 중 20년 이상 된 아파트는 429만 호(39.6퍼센트)이고, 30년 이상 된 아파트는 78만 호(7.2퍼센트)로 주택의 노후화가 심각함을 보여준다.

재개발과 재건축을 요하는 노후 주택이 급증하는 것은 노태우 정부

주택유형별 20년 이상·30년 이상 주택 비율

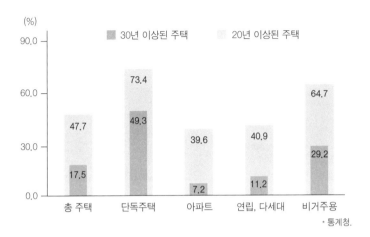

(%)

■ 30년 이상된 주택　　□ 20년 이상된 주택

	총 주택	단독주택	아파트	연립, 다세대	비거주용
20년 이상된 주택	47.7	73.4	39.6	40.9	64.7
30년 이상된 주택	17.5	49.3	7.2	11.2	29.2

• 통계청.

시도별 20년 이상·30년 이상 주택 비율

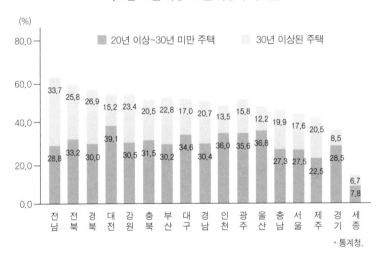

(%)

■ 20년 이상~30년 미만 주택　　□ 30년 이상된 주택

	전남	전북	경북	대전	강원	충북	부산	대구	경남	인천	광주	울산	충남	서울	제주	경기	세종
30년 이상된 주택	33.7	25.8	26.9	15.2	23.4	20.5	22.8	17.0	20.7	13.5	15.8	12.2	19.9	17.6	20.5	8.5	6.7
20년 이상~30년 미만 주택	28.8	33.2	30.0	39.1	30.5	31.5	30.2	34.6	30.4	36.0	35.6	36.8	27.3	27.5	22.5	28.5	7.8

• 통계청.

전국에 20-30년 이상 된 노후 건축물이 많다는 것은 전국적으로 재건축과 재개발이 계속
될 상황이고, 이에 따라 건설폐기물이 증가하고 매립지 포화 문제 역시 심각해질 것임을
보여준다.

재건축과 재개발이 전국 곳곳에서 진행되고 있다.

의 수도권 200만 호 공급에 따라 1980년대 후반부터 1990년대 초반에 졸속으로 지어진 주택들이 그 수명을 다하는 시기가 되었기 때문이다. 앞으로도 우리나라는 재건축과 재개발로 인해 시멘트 소비량이 급증할 수밖에 없는 상황이며, 그 과정에서 건설폐기물과 매립지 포화 문제가 중요한 사회문제가 되리라 예상된다.

쓰레기시멘트로 지은 새 아파트

CNN에 보도된 경북 의성의 쓰레기 산. 정부는 그 많은 쓰레기를 어떻게 처리하고 있을까? 쓰레기를 가득 실은 대형 트럭을 따라가보았다. 의성 쓰레기 산에서 215킬로미터 거리를 약 3시간 반 동안 달려 멈춘 곳은 쓰레기 소각장이 아니었다. 강원도에 있는 A시멘트공장이었다. 보기에도 끔찍했던 쓰레기 산의 쓰레기가 쓰레기 매립장이나 소각장이 아닌 시멘트공장으로 왜 들어갔을까? 시멘트공장은 국내 최대의 쓰레기 소각장이기 때문이다.

철을 만드는 곳을 '용광로'라 부르고 시멘트가 만들어지는 곳을 '소성로'라고 한다. 1400도가 넘는 소성로에서 석회석과 각종 쓰레기가 태워져 시멘트가 만들어진다.

시멘트공장에는 각종 쓰레기를 모아 압축 고형화시킨 고형연료를 비롯해 폐타이어, 폐고무, 폐비닐, 폐유 등 불에 타는 '가연성 폐기물'은 물론 소각재, 하수 슬러지, 분진, 공장 오니, 제철소 슬래그 등 불에

시멘트공장 창고마다 쌓여 있는 쓰레기. 온갖 종류의 쓰레기로 시멘트가 만들어지고 있다.

타지 않는 '비가연성 폐기물'에 이르기까지 온갖 종류의 쓰레기가 대형 창고마다 가득가득 쌓여 있다.

이 쓰레기들로 오늘 우리 가족이 살아가는 집을 짓는 시멘트가 만들어진다. 우리는 쓰레기시멘트로 지은 아파트를 새집이라며 비싼 돈을 지불하고 살아가고 있다. 분명 새집이 맞는데, 집의 근간을 이루는 시멘트는 쓰레기로 만들어졌다. 과연 새집일까? 벽지와 장판과 가구만 새것이면 쓰레기시멘트로 지은 아파트가 과연 건강한 새집이 되는 것일까?

왜 시멘트공장이 쓰레기 소각장이 되었을까?

—

시멘트공장 관계자들은 '시멘트공장이 대용량의 쓰레기 소각장'이라고 자랑한다. 시멘트공장에 있는 길이 60-70미터에 이르는 소성로보다 더 큰 쓰레기 소각장이 대한민국에 없기 때문이다.

원래부터 시멘트를 쓰레기로 만들었던 것은 아니다. 1998년 IMF로 건설경기가 침체되자 시멘트 기업들이 부도 위기에 몰렸다. 그때 시멘트 기업들이 묘안을 찾아냈다. 정부에 시멘트공장을 쓰레기 소각장으로 인정해달라고 요청한 것이다.

2001년 3월 9일 시멘트공장 관계자들은 환경부장관 초청 간담회 자료에서 "99년 8월 9일 폐기물관리법 개정 시 당사의 제안을 전향적으로 수용하여 시멘트 소성로를 소각시설의 한 종류로 인정해줌으로써 시멘트공장에서 적법하게 처리비를 받고 재활용할 수 있는 법적 기반은 마련되었음"이라고 쓰레기시멘트가 시작된 배경을 설명했다.

덕분에 시멘트공장들은 쓰레기처리비도 벌고 연료와 원료도 절감하는 일석이조의 효과를 얻게 되었다. 쓰레기 사용으로 시멘트공장들은 막대한 이득을 얻게 되었지만, 그로 인해 국민들은 쓰레기시멘트로 지은 아파트에서 살게 되었다. 슬프고도 어이없는 현실이다.

지정폐기물보다 발암물질이 더 많은 시멘트
—

일본에서 쓰레기가 수입되는 현장을 잡기 위해 강원도 삼척항으로 달려가 밤새 잠복했다. 한국의 시멘트공장들이 일본으로부터 톤당 5만 원의 쓰레기처리비를 받고 일본 석탄재를 수입해왔다.

일본 쓰레기 수입 현장 촬영 후, A 시멘트공장 인근의 철물점에서 시멘트 한 포대를 구입했다. 환경부가 공인하는 국내 최고의 분석기관 두 곳에 맡겼다. 결과는 놀라웠다. 시멘트에서 발암물질인 6가크롬이 정부의 안전기준 20ppm의 3배를 초과하는 74ppm, 77ppm이 검출되었기 때문이다. 발암물질 가득한 시멘트가 어떻게 국민들이 살아가는 집을 짓는 건축 재료가 될 수 있었는지!

2005년 3월 〈KBS 환경스페셜〉에서 "콘크리트 생명을 위협하다"를 방송한 이후 시멘트업계가 요업기술원(현 한국세라믹기술원)에 의뢰한 '시멘트 중 중금속 함량 조사연구'에 따르면, 10개 시멘트 제품 중 6개 제품에서 지정폐기물 기준 1.5mg/kg을 초과했다는 끔찍한 결과가 나왔다.

시멘트 중 중금속 함량 조사연구

시료 종류	1	2	3	4	5
검출량	2.17	2.65	2.33	0.97	2.98
시료 종류	6	7	8	9	10
검출량	2.78	4.44	0.58	1.04	1.03

• 한국시멘트협회·요업기술원(2006. 5).

지정폐기물이란 "사업장에서 배출되는 폐기물 중에서 폐유, 폐산 등과 같이 주변 환경을 오염시키거나 인체에 해를 끼칠 수 있는 폐기물. 환경이나 인체에 심각한 유해 성분을 지니고 있으므로 적정한 처리가 필요한" 폐기물을 말하며, 폐기물관리법 시행규칙 제2조에서 지정폐기물의 유해물질 함유기준을 제시하고 있다.

그런데 건축 재료인 시멘트 10개 제품 중 6개 제품이 지정폐기물 기준을 초과했다. 그동안 우리는 지정폐기물보다 더 위험한 발암물질 가득한 시멘트로 지은 집에서 살아온 것이다. 시멘트공장들이 쓰레기로 시멘트를 만들어 막대한 이익을 챙기는 가운데 폐기물 사용기준이나 시멘트 안전기준은 전무해 벌어진 일이다. 지금까지 시멘트업계의 대국민 사과는 단 한 번도 없었다. 오히려 시멘트 안에 유해물질이 아무리 많아도 굳으면 괜찮다는 근거 없는 주장만 내세우며 더 많은 이익을 위해 쓰레기를 유치하는 데에만 혈안이 되어 있다.

쓰레기 대란을 틈타 쓰레기 집합소로 변신 중

—

전국이 쓰레기로 몸살을 앓고 있다. 곳곳에 방치된 쓰레기 산 문제만이 아니다. 서울과 경기도를 비롯해 전국 지자체마다 매립장은 포화 상태이고, 소각장 용량은 발생하는 쓰레기를 처리하기엔 턱없이 부족하다. 대한민국은 언제든 쓰레기 대란이 터질 준비가 되어 있는 나라가 되었다.

2020년 1월 5일 MBC 강원영동방송은 삼척시가 1일 40톤 발생하는 쓰레기를 시멘트공장으로 보낸 결과 1일 6톤만 매립하게 되어 쓰레기 매립장 수명이 연장되었다며, 동해시도 발생 쓰레기를 시멘트공장으로 보내기 위한 시설을 건설 중이라고 아래와 같이 보도했다.

생활폐기물을 시멘트공장의 연료로 활용하는 사업이 확산되고 있습니다. 덕분에 폐기물 매립이 줄어들고 시멘트공장은 연료 구입비를 아끼는 효과를 보고 있습니다.

동해시가 84억 원을 들여 설치하고 있는 생활폐기물 연료화 전처리시설

동해시에서 발생하는 생활쓰레기를 시멘트공장에서 사용한다는 2020년 1월 5일 〈MBC 뉴스〉.

입니다.

생활폐기물에서 가연성 물질을 골라내 잘게 부순 뒤 쌍용양회 동해공장에 보조연료로 제공할 예정입니다. 동해시에서 배출되는 생활폐기물은 하루 평균 70여 톤, 이 가운데 60퍼센트를 연료로 만들어 그만큼 매립을 줄이는 게 목표입니다.

삼척시는 몇 달 먼저 같은 시설을 갖췄습니다. 삼표시멘트가 20억 원을 지원해 설비를 갖추고 지난 10월부터 가동하고 있습니다. 잘게 부순 가연성 물질은 삼표시멘트 삼척공장에서 유연탄을 대체하는 연료로 활용합니다.

삼척시 환경보호과장: "삼척시 동 지역에서 발생되는 쓰레기는 하루 40톤 정도가 전량 매립에 의존하고 있었습니다. 하지만 생활폐기물 연료화 전처리시설을 10월 16일부터 가동한 이후에는 하루에 매립량이 6톤으로 84퍼센트 정도 감량이 됐습니다."

삼척시는 이 사업으로 폐기물 매립장의 수명이 15년에서 20년 늘어날 것으로 예상하고 있습니다. 동해시 역시 최소 6-7년 늘릴 수 있을 것으로 내다보고 있습니다.

폐기물을 매립하면 1톤에 1만 5천 원씩 정부에 내야 하는 분담금도 대폭 줄어듭니다. 생활폐기물을 시멘트공장의 연료로 사용하면서 양쪽이 여러 가지 효과를 거두고 있습니다.

매립해야 할 생활쓰레기 중 가연성 폐기물을 시멘트공장으로 보냄으로써 시멘트공장은 연료비를 아낄 수 있고 지자체는 쓰레기 매립량이 줄어 매립장의 수명이 연장되며, 톤당 1만 5천원씩 정부에 지불해야 할 분담금도 줄어 여러 가지 효과를 거두고 있다는 보도다.

이렇게 다양한 효과가 있으니 생활폐기물을 시멘트공장에서 소각하는 것이 좋은 게 아니냐고 말하는 사람들도 있다. 그런데 다양한 효과 중 한 가지 빠진 사실이 있다. 쓰레기를 소각해 만든 시멘트가 과연 안전하냐는 것이다.

쓰레기를 재활용하는 것은 좋은 일이다. 그러나 쓰레기 재활용에는 중요한 전제조건이 있다. 재활용으로 인해 제품의 유해성이 높아지거나 주변 지역에서 환경오염이 발생해서는 안 된다는 것이다.

도시의 생활쓰레기는 비닐과 플라스틱 포장 정도에 불과하니 시멘트 유해성에 미치는 영향이 거의 없을 거라 생각하기 쉽다. 그러나 그렇지 않다.

인천지역환경기술개발센터는 〈도시 생활폐기물 소각재의 건설재료로서 재활용 방안〉에서 전국 9개 대형 소각장에서 배출하는 소각재(바닥재와 비산재)에 함유된 중금속 함량을 조사해 평균값이 바닥재는 납 1010ppm, 구리 2400ppm, 비소 84.6ppm, 크롬 424.4ppm, 아연 4386ppm이고, 비산재는 납 4719ppm, 구리 1256ppm, 크롬 136.8ppm, 아연 12만 5157ppm 등이었다며, 생활폐기물 소각재 안

도시 생활폐기물 소각장 소각재의 중금속 함량

구분	구리 (Cu)	아연 (Zn)	납 (Pb)	비소 (As)	카드늄 (Cd)	크롬 (Cr)	수은 (Hg)	망간 (Mn)	철 (Fe)
바닥재	2,400	4,386	1,010	84.6	13.6	424.4	0.219	2,068	24,122
비산재	1,256	12,157	4,176	56.7	459.7	136.8	15.96	711.2	4,458

* 인천지역환경기술개발센터, 〈도시 생활폐기물 소각재의 건설재료로서 재활용 방안〉.

소각재 중금속 함유량 분석 결과

(단위: mg/kg)

		구리 (Cu)	아연 (Zn)	납 (Pb)	니켈 (Ni)	크롬 (Cr)	카드늄 (Cd)
도시 생활쓰레기	바닥재	3,838.9	3,809.7	949.4	139.0	78.3	24.5
	비산재	659.4	10,259.8	4,153.3	10.5	17.1	398.9
폐합성수지	바닥재	3,768.9	2,069.0	4,473.3	243.8	238.7	4.0
	비산재	2,792.4	8,480.0	6,532.2	152.8	112.7	124.1
폐타이어	바닥재	92.1	15,821.7	34.7	3.2	8.0	0.8
	비산재	155.3	115,025.2	504.1	3.2	1.9	17.0
폐수 슬러지	바닥재	57.7	411.7	22.3	217.3	35.3	ND
	비산재	269.9	3,935.8	73.0	1,773.3	77.1	2.2
석탄재	바닥재	20.2	26.4	16.0	16.7	8.3	0.6
	비산재	27.5	22.6	16.3	21.5	11.9	0.4

* 충청남도보건환경연구원, 〈폐기물 유형에 따른 소각재의 중금속 용출 특성 연구〉(2005).

에 다량의 중금속이 함유되어 있다고 밝혔다.

충청남도보건환경연구원이 조사한 〈폐기물 유형에 따른 소각재의 중금속 용출 특성 연구〉(2005)에 따르면, 도시의 생활쓰레기를 소각하고 남은 소각재 중 바닥재에는 구리 3838.9mg/kg, 아연 3809.7mg/kg, 납 949.4mg/kg, 니켈 139.0mg/kg이 들었고, 비산재에는 아연이 무려 1만 259.8mg/kg, 납 4153.3mg/kg, 구리 659.4mg/kg, 카드늄 398.9mg/kg이 함유되어 있다. 도시 생활 소각재에 다량의 중금속이 함유되어 있음을 알 수 있다.

특히 시멘트공장에서 시멘트 제조에 사용하는 폐기물은 생활폐기물뿐만 아니라 다양한 쓰레기를 혼합해 만든 고형연료(SRF), 폐플라스틱, 폐비닐, 폐유, 폐타이어 등의 가연성 쓰레기와 철슬래그, 하수

국내에서 발생한 폐타이어(좌)와 외국에서 컨테이너에 수입해온 폐타이어(우)가 시멘트 공장에 가득 쌓여 있다.

슬러지, 소각재, 분진, 공장의 오니 등 그 종류를 헤아리기 어렵다.

특히 189쪽 도표 '소각재 중금속 함유량 분석 결과'에서 보듯, 폐합성수지와 폐타이어 등 시멘트공장에서 사용하는 폐기물의 소각재에도 다량의 중금속이 함유되어 있음을 확인할 수 있다.

결국 시멘트란 이 많은 쓰레기들을 석회석과 혼합해 1400도에서 태우고 남은 소각재라고 할 수 있다. 천연 광물로만 시멘트를 만들 경우엔 시멘트의 인체 유해 중금속 함량이 높지 않지만, 이렇게 각종 쓰레기를 혼합해 태워 시멘트를 만들면 쓰레기 안의 유해물질이 시멘트에 그대로 남아 시멘트의 유해성을 높이는 결과를 초래한다.

따라서 시멘트 제조에 쓰레기를 재활용하더라도 시멘트의 안전성에 영향을 미치지 않는 안전한 폐기물을 선별해 사용해야 한다.

시멘트 소성로의 비밀

—

시멘트 제조 공정을 잘 모르는 사람들이 오해하는 한 가지 사실이 있다. 생활쓰레기와 폐타이어 같은 가연성 폐기물은 밖에서 보일러 연료로 사용하는 것뿐인데 시멘트의 유해성에 무슨 영향을 주느냐는 것이다. KBS 〈추적60분〉의 피디가 쓰레기시멘트의 유해성에 대해 설명을 듣고 돌아간 다음날 다시 전화를 해온 적이 있다.

"제가 지금 건설기술연구원에 들어와 관련 전문가에게 물었는데, 이분은 폐타이어가 밖에서 불을 때는 것뿐으로 시멘트 유해성과 아무 상관이 없다고 하네요. 정말 시멘트에 가연성 폐기물들이 들어가는 게 사실인가요?"

"이게 대한민국의 현실입니다. 시멘트공장의 폐쇄성 때문에 전문가라고 하는 사람들도 시멘트가 어떻게 만들어지는지 잘 모릅니다."

구구절절 설명하기보다 시멘트공장의 현실을 한마디로 대답해주었다. 기가 막혔다. 전문가도 이 지경이니 일반인은 오죽할까?

시멘트 제조 과정은 이렇다.

시멘트는 석회석에 비가연성 폐기물인 분진과 하수 슬러지와 철강 슬래그 등을 혼합해 700-800도의 예열기를 거쳐 1400도의 소성로에 투입된다. 무려 60-70미터에 이르는 소성로를 보일러만으로 1400도의 고온을 유지할 순 없다. 석회석과 비가연성 폐기물이 예열기를 거쳐 소성로에 들어갈 때 폐타이어와 폐비닐 등의 가연성 쓰레기를 함께 투입한다. 그러면 소성로에서 폐타이어와 폐비닐 등의 쓰레기가 자신의 몸과 함께 석회석을 태우게 되고, 이렇게 탄 재를 곱게 갈아낸 것이

가로로 길게 누워 있는 것이 소성로이고, 세로로 세워져 있는 것은 예열기다. 석회석과 하수 슬러지, 소각재, 분진, 철 슬래그 등의 비가연성 폐기물들이 혼합되어 800도 정도의 예열기를 거쳐 소성로에 들어갈 때 폐타이어, 폐고무, 폐비닐 등의 가연성 폐기물을 함께 투입한다. 이 모든 것이 소성로에서 태워지고 남은 소각재가 시멘트다.

시멘트다.

시멘트공장의 홍보물은 시멘트 소성로가 대용량의 쓰레기 소각장이라고 자랑한다. 시멘트는 간단히 소성로라는 쓰레기 소각장에서 석회석과 쓰레기를 혼합해 소각하고 남은 소각재라고 생각하면 된다. 그래서 시멘트는 그날 어디에서 발생한 어떤 쓰레기를 넣었냐에 따라 인체 유해 중금속의 함유량이 매일매일 달라진다.

대부분의 공산품에는 제조 원료뿐 아니라 성분 표시를 하고 있다. 그러나 시멘트는 온갖 쓰레기로 만들어졌기 때문에 원료 표시를 할 수 없고, 투입된 쓰레기에 따라 중금속 함량이 매일 달라지니 성분 표시도 하지 않는다. '안하는 것'이 아니라 '못하는 것'이 더 정확한 표현일 것이다.

쓰레기를 소각한 후 남는 바닥재에는 끓는점이 높은 중금속류가 많이 남게 되고, 비산재에는 낮은 온도에도 끓어오르는 휘발성이 강한 중금속류가 많이 포함되는 특성이 있다. 결국 폐기물을 많이 소각하면 시멘트에 인체 유해 중금속 함유량이 높아지고, 굴뚝을 통해 나오는 휘발성 높은 유해 중금속은 시멘트공장 주변 지역 주민들에게 피해를 주게 된다. 시멘트공장 굴뚝의 백필터(bag filter)로 유해 중금속을 100퍼센트 차단할 수 없기 때문이다.

외국도 쓰레기로 시멘트를 만든다?

—

시멘트 기업들은 외국도 쓰레기로 시멘트를 만들어 사용한다고 말한다. 맞다. 외국에서도 시멘트 제조에 쓰레기를 많이 사용한다. 그러나 '쓰레기를 사용한다'는 모양은 같으나 '쓰레기 사용 기준'과 '배출가스 규제 기준' 등 구체적인 내용에 들어가면 큰 차이가 있다.

최근 국내에서 고형연료(SRF)가 환경문제로 부각했다. 환경부와 사업자들은 외국도 고형연료(SRF)를 사용한다는 명분을 내세웠다. 그러나 폐기물로 만든 고형연료(SRF)라는 단어는 같지만, 한국의 SRF란 'Solid Refuse Fuel'의 약자로 'R'은 쓰레기(refuse)를 가리키는 반면 유럽·미국·일본 등에서 사용하는 'R'은 '연료로 복원되거나 선별된(recovered) 것'을 의미한다. 외국의 고형연료는 안전한 폐기물을 선별해 제조해서 환경상 문제가 적지만, 우리는 마구 혼합된 폐기물을 그저 압축해 만든 것에 불과하기 때문에 소각과정에서 유해한 배출가스가 발생하는 것이다.

외국도 시멘트 제조에 쓰레기를 사용한다. 일본의 시멘트공장들 또한 쓰레기를 사용한다. 시멘트공장에서 사용하는 가연성 폐기물의 염소기준이 1000ppm이다. 그러나 국내의 시멘트공장들은 쓰레기로 시멘트를 만든 지 10년이 지난 2009년에야 염소기준을 만들었다. 일본보다 20배 높은 2만ppm이다. 한국인은 일본인에 비해 20배 오염에 강한 체질이기 때문일까? 일본처럼 선별되고 안전한 1000ppm 이내의 가연성 폐기물만 사용하면 지금처럼 막대한 쓰레기처리비를 벌 수 없기 때문이다.

정부는 전국에 산적한 불법 투기 쓰레기를 치우는데 급급해 경상북도 의성의 끔찍한 쓰레기 산의 쓰레기를 시멘트공장으로 보내고 있다. 그런데 의성 쓰레기 산의 쓰레기 중 염소 함유량이 국내 시멘트공장에서 사용 가능한 폐기물의 염소기준 2만ppm을 초과하는 것이 수두룩하다.

의성 쓰레기 산의 쓰레기 몇 점을 주워 국내 최고의 분석기관에 염소함량을 조사해달라고 의뢰했다. 결과는 충격적이었다. 의뢰한 쓰레기 10개 중 2개에서 연구소가 분석 결과를 써줄 수 있는 측정범위인 20만ppm을 넘는 40만ppm이 검출되었다. 세 번이나 분석했지만 동일한 결과가 나왔다며 연구소는 분석결과서가 나갈 수 없다는 의견과 함께 해당 폐기물을 반송해왔다.

2009년 환경부와 시멘트업계 관계자들과 함께 일본의 태평양시멘트를 방문했다. 일본은 소성로에서 염소를 빼내(CL BY-PASS SISTEM) 세정 시설을 통해 염소를 제거한 후 분진만 다시 투입해 시멘트를 만든다. 염소농도가 높으면 시멘트 제품에 악영향을 주기 때문이다. 국내 시멘트공장들도 염소를 빼낸다. 하지만 일본처럼 염소 세정 시설을 갖춘 곳은 없다.

석회석으로 시멘트를 만드는 것은 모든 나라가 동일하다. 그러나 석회석 품질에 차이가 있다. 우리나라는 석회석 매장량은 풍부하지만 좋은 시멘트가 되는 조건이 되는 칼슘 성분은 낮고 발암물질로 전환되는 성분은 높다. 한국의 석회석은 일본의 석회석에 비해 발암물질 전환율이 두 배에 이른다. 똑같은 양의 쓰레기를 투입해도 한국 시멘트에서 발암물질이 두 배 이상 나올 수 있다는 뜻이다.

환경부 조사 결과 국내 시멘트공장 주변 지역 주민들에게서 진폐증이 발견되었다. 세계적으로 유래가 없는 사건이다. 일본엔 시멘트공장으로 인한 분진 피해가 없다. 그만큼 시멘트공장 관리를 철저히 하기 때문이다. 그러나 한국은 대부분의 공장 주변 마을 주민들에게서 진폐증 환자가 속출했다. 분진 피해가 심각하다. 일본의 시멘트공장 주변 마을에서는 창을 열고 하얀 빨래를 널 수 있지만, 한국은 분진과 악취로 인해 창을 열 수도 없다.

쓰레기를 소각할 때, 쓰레기가 소각로에 들어간 만큼(in-put) 유해물질이 밖으로 나온다(out-put). 그래서 외국의 시멘트공장들은 철저한 배출가스 기준을 통해 아웃풋을 규제함으로써 사용하는 쓰레기의 종류와 양을 스스로 조절하게 한다.

또 외국은 시멘트공장의 배출가스 규제기준에 중금속 항목이 많다. 그러나 한국은 쓰레기를 시멘트 제조에 사용하면서도 먼지와 황산화물과 질산화물 단 세 가지 기준만 있고 중금속 기준은 단 하나도 없었다. 필자가 2006년부터 수년간 쓰레기시멘트의 문제점을 지적한 후인 2009년에야 중금속 규제 항목이 몇 가지 추가되었다. 그러나 외국에 비하면 아직도 멀었다.

몇 해 전 시멘트공장이 있는 단양에 강의를 하러 갔을 때다. 강의를 들으러 온 한 목사님이 내게 다가와 건넨 말이 아직도 기억에 생생하다.

"새벽 예배를 드리려고 집 문을 열고 나서는 순간 시멘트공장에서 날아온 악취로 인해 나도 모르게 욕이 먼저 나옵니다."

시멘트는 집을 짓는 건축 재료다. 우리 가족의 건강을 위해 가장 깨끗하고 안전한 재료로 만들어야 한다. 시멘트공장에서 쓰레기를 재활용하는 것은 좋다. 그러나 쓰레기로 인해 시멘트에 유해성이 증가하거나 주변 마을에 환경피해가 발생하지 않는 선에서만 가능한 일이다.

쓰레기시멘트는 단순히 쓰레기 재활용으로 끝나지 않는다. 쓰레기시멘트로 지은 건축물 안에서 살아가는 사람들에게 해를 입힐 뿐만 아니라 30년 뒤엔 철거되어 흙으로 돌아간다. 결국 지금의 쓰레기를 30년 뒤 전 국토에 뿌리는 결과가 된다. 쓰레기 재활용보다 국민의 건강과 안전이 우선되어야 함을 환경부와 시멘트 기업들은 명심해야 한다.

최근 생산되는 시멘트의 발암물질 함량이 이전보다 많이 줄어들었다고 하지만, 아직 안전하다고는 할 수 없다. 국민 건강을 위해 쓰레기시멘트 문제를 해결하는 방법은 간단하다.

첫째, 시민들 스스로 시멘트를 선택할 권리를 갖도록 '시멘트 등급제'를 실시하는 것이다. 둘째, 쓰레기시멘트 '사용처 구분'이다. 산적한 쓰레기를 처리하기 위해 대형 쓰레기 소각장인 시멘트공장이 필요하다면, 쓰레기로 만든 시멘트는 도로와 항만 공사 등에만 사용하게 하고, 국민의 거주 공간을 짓는 데에는 쓰레기를 넣지 않은 1등급 시멘트를 사용하도록 '사용처 구분' 규정을 만드는 것이다. 셋째, 다른 공산품들처럼 시멘트도 '성분표시제'를 실시함으로써 시멘트업계 스스로 품질관리를 하게 하는 것이다.

시멘트 등급제, 사용처 구분, 성분표시제 등을 실시한다면, 정부는 시멘트 제조를 통해 쓰레기 문제를 해결하는 데 큰 지장을 받지 않을 테고 국민들 역시 건강하고 안전한 주거공간에서 안심하고 살 수 있을 것이다.

유독물질로 만들어지는 콘크리트혼화제

"새집 분양받아 입주했다 한 달을 못 견디고 이사 나왔어요. 계속 새집에 살다간 죽을 것 같더라고요. 이사 나오니 숨 쉬고 살 것 같아요. 새집에 들어갈 때까지 기대가 컸지만 가족 건강을 생각하니 아쉬운 거 하나 없어요."

얼마 전 강의하러 갔다가 중간 쉬는 시간에 한 분이 내게 다가와 속삭인 말이다.

새집 인기가 높다. 같은 지역이라도 새 아파트는 가격이 수억 원씩 더 높다. 새집이 비싼 만큼 가족 건강에도 좋기 때문일까? 사실은 정반대다. 새 아파트일수록 가족 건강에 더 해롭다. 건강을 잃으면 모든 것이 소용없다는데, 새집으로 몰려드는 사람들을 보면 건강보다 당장의 쾌적함과 돈을 우선으로 여기는 것 같아 안타깝다. 지금도 전국 곳곳에서 새 아파트가 하늘 높이 올라가고 있다.

새 아파트가 쑥쑥 올라간다. 과연 새집은 비싼 만큼 건강에도 더 좋을까?

환경질환을 앓는 아이들

—

2019년 8월 13일 경인지역통계청이 발표한 "경기도 청소년 통계"에 따르면, 경기도에 거주하는 청소년 중 2018년 알레르기질환 진단을 받은 비율이 알레르기비염 39.7퍼센트, 아토피피부염 25.7퍼센트, 천식 9.1퍼센트다. 이는 청소년 2.5명 중 한 명은 알레르기비염, 4명 중 한 명은 아토피피부염으로 고통 받는 심각한 현실을 보여준다.

알레르기비염과 아토피피부염과 천식 등의 알레르기질환은 유전적 요인보다는 주변의 환경으로 인해 발생하는 경우가 더 많다. 오늘날 우리가 더 크고 편안한 집에서 풍요로운 삶을 누리게 되었지만, 환경 위해요소는 더 많아진 것이다.

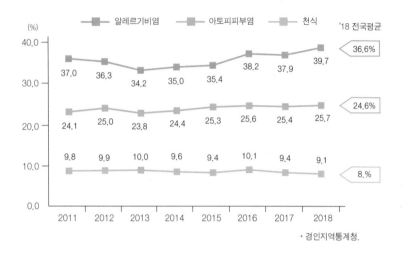

경기도 중·고생 알레르기질환 의사진단율

(%)   ■ 알레르기비염   ■ 아토피피부염   ■ 천식   '18 전국평균

40.0

37.0   36.3   34.2   35.0   35.4   38.2   37.9   39.7   36.6%

30.0

24.1   25.0   23.8   24.4   25.3   25.6   25.4   25.7   24.6%

20.0

10.0   9.8   9.9   10.0   9.6   9.4   10.1   9.4   9.1   8.%

0.0

2011   2012   2013   2014   2015   2016   2017   2018

* 경인지역통계청.

삼성서울병원 아토피환경보건센터가 조사하고 환경부가 발행한 〈아토피질환 예방관리 총람〉(2012. 1)에 따르면, 아토피피부염, 천식, 알레르기비염 등의 아토피질환자 수가 2010년 현재 879만 명이고 여기에 드는 연간 비용은 6611억 원에 이른다. 게다가 아토피질환은 지속적으로 증가하는 추세라고 한다.

아토피질환자가 증가하는 현실에서 10년이 지난 2020년 현재는 얼마나 더 많은 사람들이 아토피질환으로 고통 받으며, 진료비는 또 얼마나 지출하고 있을까?

그런데 이렇게 아토피질환이 급증한 이유는 무엇일까? 혹 하루가 다르게 하늘로 치솟는 새 아파트의 증가와는 연관이 없을까?

공기 좋은 시골집으로 내려가면 아토피 증세가 사라졌다가도 새 아파트로 돌아오면 다시 발병한다는 증언들을 보아도 아토피질환이 유전적 요인보다 환경적 요인에 더 영향을 받는다는 사실을 알 수 있다. 그러므로 환경요인을 바꿔주면 나을 수 있는 질환이라는 것이다.

〈아토피질환 예방관리 총람〉에서도 아토피질환 발생 증가가 유전요인보다 환경요인이라며 다음과 같이 강조하고 있다.

아토피질환의 유병율 조사를 위해 어린이 청소년을 대상으로 1995년, 2000년, 2010년에 3회에 걸친 전국적인 역학조사를 실시하였다. 이 결과에 따르면 지난 15년간 천식, 알레르기비염, 아토피피부염 등의 질환 유병률이 증가하였음을 알 수 있다.

아토피질환의 증가원인은 아직 알려지지 않았으나, 아토피질환의 발생에 유전적 요인과 환경적 요인이 관여하고 있음을 감안할 때 지난 20년간 급격한 유전자 변화가 발생했을 가능성이 거의 없으므로 아마도 환경적 변화가 아토피질환의 발생 증가에 주로 기여했으리라 추정된다. 이러한 사실은 앞으로 아토피질환을 줄이기 위해서는 관련 환경요인을 규명하고 관리하는 데 초점을 맞추어야 함을 보여주고 있다.

아토피질환의 급격한 증가 원인이 환경이라면, 아토피질환을 치료할 희망이 있음을 이야기하는 것이다. 그렇다면 정부는 환경 변화의 원인을 찾고 해결하기 위해 얼마나 노력하고 있을까? 오늘 우리 아이들을 아토피질환으로 내모는 환경 변화의 요인은 무엇일까? 새 아파트 증가가 그 주요한 환경요인일 수 있다.

새집증후군의 원인은?

—

새로 지은 집에 입주했을 때 전에 없던 이상증상이 몸에 나타나는 것을 새집증후군이라고 한다. 새로 지은 집 안의 공기 오염을 불러오는 화학물질에 의한 반응을 말한다.

새집에서 아토피질환을 일으키는 가장 큰 요인으로 포름알데히드를 비롯한 휘발성유기물질이 지목되고 있다. 새집증후군으로 인한 아토피질환이 심각한 사회문제가 되자 정부는 가구, 장판, 벽지, 소파 등 화학물질을 내뿜는 여러 원인을 지목하며 유의할 것을 당부했다.

그런데 아토피질환의 원인임에도 불구하고 정부의 대책에서 빠진

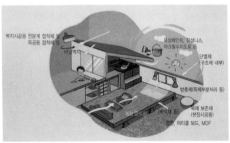

새집증후군의 증상과 원인물질들을 정리한 정부 자료.

〈문화일보〉는 아토피의 원인으로 쓰레기시멘트를 지적했다.

중요한 물질이 있다. 바로 새집의 근원이 되는 '시멘트'와 콘크리트를 혼합할 때 사용하는 '콘크리트혼화제'다. 그 내용을 자세히 알아보자.

첫째, 시멘트가 이전과 다르다. 이전의 시멘트는 석회석에 점토와 철광석과 규석을 혼합해 유연탄으로 고온에 구워 만들었다. 그러나 지금은 석회석을 제외한 나머지는 소각재, 분진, 하수슬러지, 공장의 오니, 반도체공장의 슬러지, 폐타이어, 폐고무, 폐비닐, 폐유 등 온갖 산업쓰레기로 시멘트를 만든다.

〈문화일보〉는 2007년 10월 11일자 "아파트에 본격 사용 뒤 피부염 환자 급증"이란 제목의 기사에서 "쓰레기시멘트가 본격적으로 사용된 2001년 이후 신축된 아파트는 186만 6000가구로 전체 아파트 가구 수의 26.7퍼센트에 달한다. 이 기간 중 19세 이상 인구 1000명당 아토피성피부염 유병률은 2001년 5.07명에서 2005년 70.08명으로 13배

공사현장까지 콘크리트를 굳지 않게 하는 등 여러 역할을 하는 화학물질을 콘크리트혼화제 라고 한다.

콘크리트혼화제의 작용

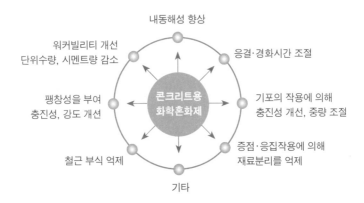

내동해성 향상

워커빌리티 개선
단위수량, 시멘트량 감소

응결·경화시간 조절

**콘크리트용
화학혼화제**

팽창성을 부여
충진성, 강도 개선

기포의 작용에 의해
충진성 개선, 중량 조절

철근 부식 억제

증점·응집작용에 의해
재료분리를 억제

기타

이상 증가했다. 전체 피부염 환자 수도 1995년 453만 명(건강보험심사평가원)에서 2005년 963만 명으로 두 배 이상 늘었다"고 지적했다. 또 〈한겨레〉는 2006년 9월 11일자 "시멘트에 아토피 유발물 범벅"이라는 기사를 통해 국내 시멘트에 아토피 원인물질인 발암물질 6가크롬이 다량 함유돼 있다고 보도했다.

둘째, 아토피질환을 일으키는 물질 중 정부의 대책에서 빠진 것은 콘크리트혼화제다. 아파트는 시멘트와 모래와 자갈을 혼합한 콘크리트로 만들어진다. 이때 물과 함께 콘크리트혼화제라는 화학물질이 첨가된다. 물로만 시멘트와 모래와 자갈을 혼합하면 레미콘 공장에서 아파트 건축현장까지 이동하는 도중에 굳어버리기 때문이다. 콘크리트가 쉽게 굳는 것을 조절해주고, 질기를 고르게 하고, 콘크리트 안의 철근 부식을 억제하고, 겨울철 공사 때 내동해성을 향상시키고, 콘크리트 안에 기포를 발생시켜 시멘트 사용량을 줄여주는 등의 다양한 작용이 필요한데, 이를 위한 화학물질을 '콘크리트혼화제'라고 부른다.

콘크리트혼화제는 무엇으로 만들까?

—

국내 콘크리트혼화제를 제조하는 A사가 환경부에 보고한 화학물질 배출 신고 목록에 따르면, 포름알데히드, 나프탈렌, 아크릴아미드, 메틸알콜, 시클로헥산, 황산 등이 포함되어 있다. 이 중 포름알데히드와 나프탈렌과 아크릴아미드는 발암물질이다. 특히 포름알데히드는 새집증후군의 주범으로 지목되는 물질이다.

연도	CASNo.	화학물질명 (연도별 추이)	배출량			자가 매립량	이동량	
			대기 배출량	수계 배출량	토양 배출량		폐수 이동량	폐기물 이동량
총계			66,646			0	7,170	
			66,646	0	0		7,170	0
2013	000110-82-7	시클로핵산	66,178			0	6,327	
			66,178	0	0		6,327	0
2013	00005o-00-0	포름알데히드	157			0	431	
			157	0	0		431	0
2013	000091-20-3	나프탈렌	144			0	412	
			144	0	0		412	0
2013	000079-06-1	아크릴아미드	139			0	0	
			139	0	0		0	0
2013	000067-56-1	메틸알코올	28			0	0	
			28	0	0		0	0
2013	001310-73-2	수산화나트륨	0			0	0	
			0	0	0		0	0
2013	007664-93-9	황산	0			0	0	
			0	0	0		0	0

A사가 환경부에 신고한 혼화제 제조 시 사용한 물질 중 "화학물질 배출이동량 정보 공개" 홈페이지에 나온 내용.

콘크리트혼화제의 주요 용매제로 사용하는 메틸알코올은 눈이나 피부에 심한 손상을 일으키고, 장기간 반복 노출되면 중추신경계와 소화기계 장애, 시신경 손상 등을 유발하는 유독물질이다. 반도체 공장에서 이로 인한 근로자들의 시력 장애가 발생해 큰 사회적 논란이 되기도 했다.

특히 2017년 자동차 유리 세정제의 원료인 메틸알코올이 운전자의 건강을 위협한다는 언론 보도가 이어지자 환경부는 2017년 4월, 인체에 흡수될 경우 실명 위험이 있는 메틸알코올을 이용한 자동차 워셔액을 '위해 우려 제품'으로 지정했다.

또 산업통상자원부 기술표준원은 2017년 8월 2일, 전기용품 및 생활용품 안전관리법을 개정해 2018년부터 메틸알코올이 들어간 워셔액 사용을 전면 금지했다. 개정 법령에 따르면, 메틸알코올 워셔액 등 '위해 우려 제품'을 판매 또는 증여하거나 진열·보관·저장할 경우 7년 이하의 징역 또는 2억 원 이하의 벌금형에 처하게 된다.

그런데 자동차 운전자의 건강을 우려해 사용 금지된 유독물질인 메틸알코올이 우리가 살아가는 아파트를 지을 때 콘크리트혼화제의 원료로 사용되고 있다. 이뿐만이 아니다. 콘크리트혼화제의 주요 용매제 중 아크릴아미드가 있는데, 아크릴아미드는 말초신경, 시신경, 중추신경의 손상을 가져오고, 알레르기피부반응을 일으키고, 눈에 심한 자극을 일으키는 발암물질이다. 시클로헥산 역시 중추신경 마비와 피부 자극성이 있는 유독물질이다.

대표적인 국내 콘크리트혼화제 제조사 A사는 혼화제 제조에 포름알데히드를 사용하지 않는다며 나를 허위사실에 의한 명예훼손으로 검찰에 고발하고 4억 2천만 원의 손해배상을 청구했다. 내가 문제점을 지적하기 바로 두 달여 전인 2014년 10월 포름알데히드 제조장비를 다른 업체에 팔았기에 허위사실이라는 것이었다. 덕분에 나는 경찰서와 검찰에서 수차례 조사를 받았다. 결국 고소인인 A사 연구소 연구원이 검찰에 출두해 검사의 질문에 포름알데히드를 사용한 제품을 "2014년 10월경부터는 더 이상 제조하지 않고 구입해 사용하고 있습니다"라고 시인했다.

이처럼 사람들이 살아가는 아파트를 짓는 데 들어가는 콘크리트혼화제가 포름알데히드, 나프탈렌, 아크릴아미드 등의 발암물질을 비롯해 메틸알콜과 시클로헥산 등의 유독물질로 만들어지고 있다. 과연

진 술 조 서

문 혼화제의 제조에 사용되는 원료는 어떤 것이 있는가요

답 폴리카르복실산계 혼화제는 아크릴산, 메타산, MPEG 등이 원료로 사용되고, 나프탈렌계 혼화제는 폴리나프탈렌 설포네이트가 원료로 사용됩니다. 리그닌 계 혼화제는 종이를 만드는 제지산업 분야에서 부산물로 나오는 것이 리그닌 계입니다.

문 각 원료는 어떻게 만들어지는가요

답 아크릴산, 메타산, MPEG은 자연상으로 존재하는 것은 아니고 석유 관련 제조 회사에서 만드는 화학물이고 저희가 이를 구입하여 제품을 만들고 있고, 폴리 나프탈렌 설포네이트는 나프탈렌과 포름알데히드를 축합 중합하여 저희가 만 들다가 2014. 10.경부터는 더 이상 제조하지 않고 구입하여 쓰고 있습니다. 리 그닌계 혼화제는 저희가 그 원료를 그대로 구입하여 쓰고 있습니다.

A사 연구소 연구원의 진술서. 포름알데히드 혼화제를 직접 제조하지 않는 것과 구입해 사용하는 것에 무슨 차이가 있을까?

안전할까? 정부는 국민 건강을 위해 혼화제 제조와 안전기준을 마련해 놓았을까?

콘크리트혼화제 안전관리는 어느 부서에서?

—

우리 가족이 살아가는 집을 짓는 데 발암물질과 유독물질들을 원료로 한 콘크리트혼화제가 사용되고 있다. 대한민국 정부가 혼화제 제조기준과 인체안전기준을 어떻게 관리하고 있는지 2017년 3월 4일, 관련 부서인 환경부, 국토해양부, 산업통상자원부에 다음과 같이 정보 공개를 청구했다.

제목	콘크리트혼화제 제품의 안전기준 및 인체유해성 관련
청구 내용	국민들이 살아가는 아파트 건축 시 콘크리트혼화제가 사용되는데, 혼화제 제조에 사용되는 화학물질이 포름알데히드, 나프탈렌, 메틸알콜, 아크릴아미드, 시클로헥산 등 휘발성 및 유해성이 높은 화학물질들이 사용되고 있습니다. 다음과 같이 콘크리트혼화제 제품의 인체 안전기준 및 사용되는 화학물질 종류 자료를 요청합니다. 1. 혼화제 제품의 인체 안전기준. 2. 혼화제 제조 시 사용 금지 화학물질 또는 기준. 3. 지금까지 혼화제 인체 유해성을 조사한 자료가 있는지, 있다면 공개 요청. 4. 콘크리트 건축물에서 혼화제에 의한 휘발성유기물질 발생 관련 조사. 5. 콘크리트혼화제 제조에 사용되는 화학물질의 종류.

환경부 화학물질 안전기준 담당 부서에서 답이 왔다. "화학제품관리과는 가정·다중이용시설 등에서 사용되는 생활화학제품을 관리하여 소관사항이 아닙니다. 콘크리트혼화제는 건축재료로 국토부 소관사항이 아닌지 판단 부탁드립니다"라며 국토교통부로 이송되었다는 내용이었다.

건축 안전기준을 담당하는 국토해양부에서 답이 왔다. "혼화제 제품의 화학물질의 종류 등은 우리 부에서 관리하지 않으며, 산업자원 제조 관련으로 산업통상자원부에서 답변하여야 할 것으로 판단됩니다"라며 산업통상자원부로 이관했다는 내용이었다.

국내 산업제품 기준을 담당하는 산업통상자원부에서도 답이 왔다. "국가기술표준원에서는 민원인께서 요청하신 안전기준 관련된 사항을 담당하지 않으며, 다만 KSF2560(콘크리트화학혼화제) 국가기술표준만 담당하고 있습니다"라며 국토교통부로 이관했다는 내용이었다. 산업

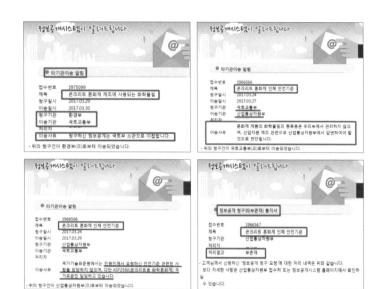

환경부, 국토교통부, 산업통상자원부가 서로 떠넘기다 정보부존재로 끝났다.

통상자원부는 콘크리트의 강도 등의 기준만 다룰 뿐 인체안전성은 소관 사항이 아니라는 뜻이다.

믿기지 않았다. 국민 대다수가 아파트에서 살아가고, 아파트 건축에 발암물질과 유독물질을 원료로 한 콘크리트혼화제가 사용되고 있는데, 대한민국 정부 단 한 곳도 관리하는 곳이 없다니. 재차 정보공개를 청구했다. 환경부는 귀찮다는 듯 아무 설명 없이 국토부로 재차 이송했다. 이렇게 환경부와 국토해양부와 산업통상자원부 모두 서로 자기 일이 아니라며 다른 기관으로 떠넘기는 핑퐁게임이 반복되다가 더 이상 떠넘길 수 없게 되자 '정보 부존재'로 종결 처리했다.

'정보 부존재.' 대한민국엔 콘크리트혼화제의 인체 안전기준과 제조기준을 관리하는 담당 부서가 단 한 곳도 없다. 이 기막힌 현실을 내 눈으로 직접 확인한 것이다.

전국의 아이들 2.5명당 한 명꼴로 알레르기비염을 앓고 있고, 4명당 한 명꼴로 아토피질환으로 고통 받고 있으며, 국민들이 1년에 6천억 원이 넘는 진료비를 지불하고 있는 상황이며, 오늘도 전국 곳곳에 유독물질로 제조된 콘크리트혼화제를 사용한 아파트가 하늘 높이 올라가고 있는데, 콘크리트혼화제를 관리하는 부서가 한 곳도 없다니!

15년 전에 기준을 마련하겠다고 했는데…

—

2005년 3월 〈KBS 환경스페셜〉 "콘크리트 생명을 위협하다"에서 콘크리트 건축물의 위험성에 대해 방송했다. 시멘트에 발암물질인 6가 크롬이 다량 함유되어 있으며, 가구나 벽지 등이 없는 콘크리트만으로 만들어진 실험동에서 휘발성유기물질이 일본보다 무려 5배 이상 검출되었다는 내용이었다. 방송에서 레미콘업계 관계자는 "콘크리트혼화제는 화학물질이나 발암물질 기준이 없다"고 시인했고, 환경부 담당 과장은 "기준을 마련하겠다"고 대답했다.

방송이 나간 지 벌써 15년이 지났다. 그러나 환경부는 물론 국토해양부, 산업통상자원부 등 대한민국 그 어디에도 콘크리트혼화제의 안전기준 마련은 고사하고 이를 담당하는 부서조차 없다. 이게 정상적인 상황일까?

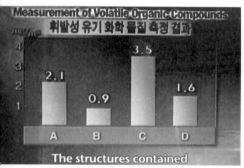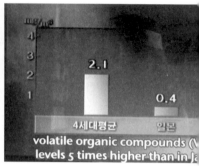

〈KBS 환경스페셜〉조사결과 실험동에서 휘발성유기물질이 일본의 5배 검출되었다.

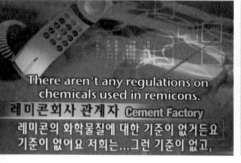

콘크리트혼화제 제조에 화학물질 기준이나 발암물질 기준이 없다.

단돈 20만 원 때문에!

—

요즘 편의점에서 0.5리터짜리 생수가 900원에 판매된다. 그런데 다양한 화학물질로 만든 콘크리트혼화제 제품의 가격은 1리터에 400원에서 1200원에 불과하다. 그 혼화제란 것이 펄프 제조공정에서 발생하는 액상 폐기물로부터 값싼 석유화학물질 등으로 제조되기 때문이다.

아파트 건축 시 콘크리트혼화제는 시멘트 사용량의 0.5퍼센트에서 최대 1퍼센트 미만의 비율로 사용된다. 레미콘 공장에 문의한 결과 32평 아파트 건축에 필요한 콘크리트혼화제 비용은 많아야 20만 원이 채 되지 않는다. 32평 아파트 건축에 들어가는 총 시멘트 비용은 150만 원에서 200만 원에 불과하다. 요즘 32평 아파트가 10억 원이 넘어가는 곳이 많다. 아파트 매매가가 최하 3억 원이라 할 때, 시멘트값 150만 원은 아파트값 중 1퍼센트도 되지 않는다. 32평 아파트에 시멘트값

메탄올 워셔액이 문제가 되자 에탄올 워셔액이 나왔다. 초기엔 메탄올 워셔액 1550원, 에탄올 워셔액 4500원 정도였으나 메탄올 워셔액이 전면 제조 금지되자 지금은 에탄올 워셔액이 1500원 정도에 판매된다.

150만 원과 콘크리트혼화제 20만 원을 합하면 총 170만 원에 불과하다. 우리는 수억 원의 비싼 아파트 비용을 지불하면서 그 1퍼센트 값도 되지 않는 쓰레기시멘트와 콘크리트혼화제로 인해 아토피와 새집증후군으로 고통 받고 있다.

메틸알코올 워셔액을 에틸알코올로 만들면 비용이 비싸서 불가능하다고 했다. 그러나 메틸알코올 워셔액 제조를 금지하자 지금은 에틸알코올 워셔액이 메틸알코올 워셔액만큼 저렴하게 되었다. 32평 아파트 시멘트값 150만 원의 20-30퍼센트인 30-50만 원만 추가하면 쓰레기를 넣지 않은 건강한 시멘트를 만들 수 있다. 32평에 고작 20만 원어치도 들어가지 않는 콘크리트혼화제 역시 조금만 더 비용을 지불하면 우리 가족의 건강에 해를 끼치지 않는 안전한 화학물질로 만들 수 있다.

정부의 관리 부재가 가장 중요한 문제다. 정부에서 관리기준을 만들

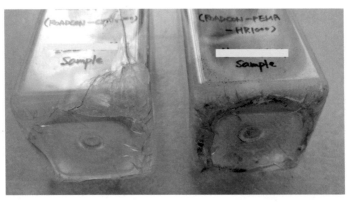

콘크리트혼화제를 담아둔 통이 저절로 삭아 모두 사라졌다. 플라스틱통을 삭게 할 정도라면 과연 인체에 안전할까?

면 기업은 따라오게 되어 있다. 국민의 건강보다 더 중요한 게 어디 있는가?

사라져버린 노란 액체

—

콘크리트혼화제 샘플들을 구해 베란다 수납장에 보관했다. 한참 시간이 흐른 어느 날, 베란다 수납장 문을 열었다. 혼화제를 담아둔 종이 박스가 이상했다. 가득 담겨 있던 혼화제가 흔적도 없이 사라졌다. 통을 들어보았다. 플라스틱통 바닥에 금이 갔고, 그리로 모두 휘발되어 사라졌다.

나를 검찰에 고발했던 A사는 자신들의 제품은 비누와 샴푸처럼 안전한 물질이라고 환경영향평가서를 작성했다. 그러나 비누와 샴푸가 플라스틱통을 삭게 하고 증발되어 사라지는 것을 나는 본 적이 없다.

새집에 가면 눈과 목이 따갑고 피부가 가려워진다. 새집증후군의 가장 중요한 원인은 휘발성 유기물질이다. 그동안 우리는 새집증후군의 원인으로 벽지와 장판과 가구 등만 지목해왔다. 그러나 아직 벽지와 장판을 시공하지 않은 건물에 들어가도 눈과 목이 따갑다. 유독물질로 만든 콘크리트혼화제를 빼놓고 있었던 것이다. 정부의 대책 마련이 시급하다.

국립환경과학원은 새 아파트 조사결과 새집증후군의 원인인 휘발성 유기물질이 초기 3년이 지나면 점차 감소한다고 밝혔다. 그렇다면 콘크리트혼화제는 얼마나 오랜 시간 동안 아파트 콘크리트 안에 존재

30년 동안 사용하고 철거한 폐콘크리트를 성토재로 사용한 시화호 갯골에 30년 동안 시멘트에 갇혀 있던 콘크리트혼화제가 녹아 나왔다.

하며, 어느 정도 시간이 흐르면 안전해질까?

2008년 12월, 철새들이 떼죽음을 당한 시화호 갯벌 웅덩이에 누런 액체가 가득했다. 콘크리트혼화제였다.

수자원공사가 시화호에 도시를 건설하기 위해 건설폐기물로 만든 순환골재를 갯벌 위에 성토했다. 순환골재가 갯벌의 물을 만나자 폐시멘트 안에 갇혀 있던 콘크리트혼화제가 녹아 갯골에 고인 것이다. 30년 동안 사용 후 폐기한 콘크리트에서 녹아 나온 혼화제는 건물을 신축한 초기에 많이 나오다 점차 감소하지만 시간이 흘렀다고 완전히 사라지는 게 아니었다. 국민 건강을 위해 콘크리트혼화제를 안전한 화학물질로 제조해야 하는 이유를 보여주는 것이다.

오늘도 어디에선가 새 아파트를 짓고 있다. 아직도 콘크리트혼화제가 인체 안전기준은 고사하고 제조기준도 없이 발암물질과 유독물질로 만들어지고 있는데….

5장

건설폐기물 재활용의 당위성

건설폐기물이란 무엇인가

폐기물관리법 제2조에 따르면, 폐기물이란 "쓰레기, 연소재, 오니, 폐유, 폐산, 폐알칼리, 동물의 사체 등 사람의 생활이나 사업 활동에 필요하지 아니하게 된 물질"을 말한다. 특히 건설폐기물이란 토목·건설공사 등과 관련해 5톤 이상 배출되는 폐기물을 말하며, 집수리 등으로 배출되는 총량 5톤 미만의 폐기물은 생활폐기물로 분류된다.

2017년 환경부 통계에 따르면, 우리 일상에서 발생하는 폐기물은 생활폐기물이 12.9퍼센트, 사업장폐기물이 39.8퍼센트, 그리고 건설폐기물이 47.3퍼센트로 건설폐기물이 가장 많은 부분을 차지하고 있다.

그동안 건설폐기물은 주로 매립과 소각으로 처리해왔는데, 발생하는 폐기물의 가장 많은 부분을 차지해 매립장 수명을 단축하는 주된 요인이었다. 따라서 매립장 수명을 연장하기 위해서도 건설폐기물의 처리는 중요한 문제다. 건설폐기물을 매립하지 않고 올바로 분리·

폐기물 발생량 변화추이

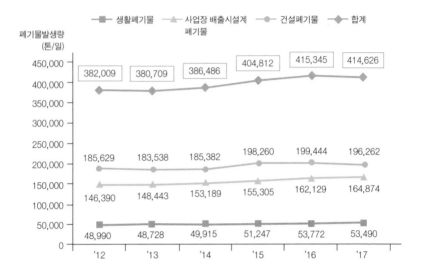

폐기물 종류별 구성비율

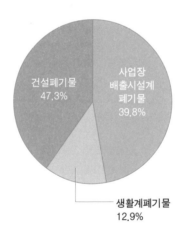

재활용하면 매립지 수명을 연장하고, 환경오염을 방지하며, 부족한 천연골재를 대체하는 이점이 있다.

건설폐기물은 주택과 아파트 공사, 도로와 상하수도 공사, 공장 및 기타 건축물의 해체로부터 발생하며, 폐콘크리트, 폐아스팔트콘크리트, 폐토석, 폐목재가 주를 이룬다. 폐콘크리트는 콘크리트 기둥이나 보 같은 구조물 해체 과정에서 발생하고, 폐아스팔트콘크리트는 도로의 개보수나 재개발사업에서 발생한다. 특히 건축물에 다양한 건축재료가 사용되기 때문에 재개발과 재건축으로 건축물을 해체할 때 폐콘크리트, 폐아스콘, 폐벽돌, 폐기와, 폐유리, 폐철근, 폐목재, 폐벽지등 다양한 종류의 폐기물이 발생한다.

"건설폐기물 재활용 촉진에 관한 법률 시행규칙"에서는 다양한 성상의 건설폐기물을 가연성과 불연성, 그리고 혼합 등으로 상세히 구분하고 있다(222쪽 표 참조).

건설폐기물은 발생 장소가 일정하지 않고, 일시에 발생하는 양이 많고, 동일한 장소에서 발생하는 폐기물이라도 종류가 다양하며, 혼합 상태로 배출되는 특성이 있다. 또 배출되는 양이 많고 종류가 다양한 반면 환경에 미치는 유해성이 높지 않고 분리와 파쇄 등을 통해 재활용할 수 있다는 특징을 지니고 있다.

환경부 통계에 따르면, 2017년 발생한 건설폐기물 중 재활용이 가능한 폐콘크리트(62.8퍼센트)와 폐아스팔트콘크리트(18.3퍼센트) 등이 82.6퍼센트를 차지하고, 가연성과 불연성이 혼합된 폐보드류와 폐판넬 등의 폐기물이 11.3퍼센트, 그리고 건설폐토석이 3.8퍼센트를 차지한다.

건설폐기물의 종류별 분류 체계(제3조의2 관련)

분류	종류	
가연성	폐목재(나무의 뿌리 · 가지 등 임목폐기물이 5톤 이상인 경우는 제외한다.)	
	폐합성수지	
	폐섬유	
	폐벽지	
불연성	건설 폐재류	폐콘크리트
		폐아스팔트콘크리트
		폐벽돌
		폐블록
		폐기와
		건설폐토석
	건설 오니	
	폐금속류	
	폐유리	
	폐타일 및 폐도자기	
가연성 · 불연성 혼합	폐보드류	
	폐판넬	
	혼합건설폐기물	
기타	건설공사로 인하여 발생되는 그 밖의 폐기물(생활폐기물과 지정폐기물은 제외한다.)	

건설폐기물 성상 현황

(단위: 톤/일)

구분		2012	2013	2014	2015	2016	1017
총계		188,629	183,538	185,382	198,260	199,444	196,262
건설 폐재류	소계	156,448	150,331	151,026	163,190	166,494	162,139
	폐콘크리트	117,754	111,653	114,908	124,451	128,092	123,248
	폐아스팔트 콘크리트	35,738	35,398	33,725	35,509	35,192	35,861
	기타	2,957	3,280	2,393	3,230	3,210	3,030
가연성 건설폐기물	소계	1,964	2,418	2,519	2,588	2,237	2,614
	폐목재	683	704	866	923	806	800
	폐합성수지	1,261	1,695	1,586	1,654	1,420	1,803
	기타	21	19	67	11	11	11
비가연성 건설폐기물	소계	651	1,058	877	1,036	2,012	1,871
	건설오니	644	1,052	707	995	1,922	1,822
	기타	7	6	170	41	90	49
건설폐토석		5,094	5,067	5,863	7,659	6,478	7,478
혼합건설폐기물		22,471	24,664	25,097	23,787	22,223	22,160

• 환경관리공단.

환경부의 "전국 폐기물 발생 및 처리 현황" 자료에 따르면, 하루 발생량이 지난 2005년 13만 4906톤에서 2012년 18만 6629톤으로 7년 사이에 38퍼센트 증가했고, 2019년 19만 6262톤으로 매년 꾸준히 증가했다. 주택 노후화로 인한 재건축과 재개발 사업으로 건설폐기물 발생량이 날로 증가하고 있기 때문이다.

매립지 수명을 단축시키는 범인

—

현재 전국의 폐기물 매립지는 포화상태로 치닫고 있으며, 새로운 매립지를 찾는 일도 주변 주민들의 반대로 쉬운 일이 아니다. 수도권 매립지의 사용 기한은 2025년 8월이다. 게다가 최근엔 설계용량을 초과한 폐기물이 반입되어 사용 종료날짜가 2024년 11월로 앞당겨질 것으로 예상된다. 새로운 매립지 조성에는 최소 7~10년이 필요한데, 시간도 부족하고 1조 2500억 원이라는 조성비용 마련도 만만치 않은 일이다.

수도권 매립지의 수명을 단축시키는 주범은 반입폐기물량의 약 50퍼센트를 차지하는 건설폐기물이다. 그러므로 건설폐기물의 발생량을 감축하고 재활용하는 것은 수도권 매립지의 수명을 연장하는 최선의 길이다.

수도권 매립지뿐 아니라 전국의 매립지가 포화상태에 이르고 있다. 새로운 매립지를 조성하는 비용이 막대하고, 입지 선정이 쉽지 않은 현실을 감안하면, 매립지 수명을 단축시키는 주범인 건설폐기물을 재활용하는 일은 공공성을 가진 중요한 사업이라 할 수 있다. 건설폐기물을 재활용하기 위한 정책 마련과 기술 개발에 중앙정부와 지자체가 함께 노력해야 하는 이유다.

전국 곳곳의 재건축과 재개발로 인해 건설폐기물이 발생하고 있다.

꿩 먹고 알 먹고, 건설폐기물 재활용하기

꿩 먹고 알 먹고, 도랑 치고 가재 잡고, 마당 쓸고 돈 줍고. 하나의 일로 두 가지 효과를 거둔다는 일석이조, 일거양득과 관련된 재미있는 격언들이다. 열심히 일해도 한 가지 이익을 얻기 힘든데, 한 가지 일로 두 가지 효과를 얻는 일이 있다면 얼마나 좋을까?

있다. 겨우 일석이조의 효과 정도가 아니다. 한 가지를 잘 해내면, 그로 인해 발생하는 효과가 셀 수 없이 많고 경제적 이익 또한 막대하다. 산과 바다와 강의 환경 파괴를 막을 수 있다. 부족한 천연자원을 보존하는 효과가 크다. 환경오염을 예방한다. 골칫거리인 쓰레기 매립장의 수명을 연장해주는 기특한 효자 노릇을 한다. 이 모든 것은 건설폐기물을 올바로 재활용할 때 얻어지는 이익이다.

전국에 아파트가 쑥쑥 올라가고, 자고 나면 여기저기 새로운 도로가 생긴다. 아파트가 올라간 만큼, 도로와 항만을 건설한 만큼, 대한민국 어딘가의 강과 바다와 산이 사라졌을 것이다. 콘크리트 건축물은 시멘트로만 만드는 것이 아니다. 시멘트는 접착제 역할을 하는 것으로 콘크리트 건축물에서 10퍼센트의 비중을 차지할 뿐이다. 모래와 자갈이 콘크리트 건축물의 나머지 90퍼센트를 이룬다.

대한민국은 국토의 70퍼센트가 산림이고, 강과 하천이 많고, 삼면이 바다로 둘러싸여 있다. 콘크리트 건축물의 재료인 모래와 자갈이 무한할 것 같다. 그러나 그것은 우리의 오해일 뿐이다. 강모래는 1960년대에 콘크리트 건축물을 짓기 시작한 지 겨우 50년 만에 바닥이 났다. 바다모래는 바다 어장이 황폐화된다는 어민들의 반대로 채취가 쉽지 않다. 이제 남은 것은 산림 골재뿐이다. 그러나 국토의 70퍼센트가 산이라고 산림 골재가 무한한 것도 아니다.

아파트와 도로, 항만 등은 국가의 중요한 기간산업이기에 이를 위한 안정적인 골재 수급이 필수다. 그래서 국토해양부는 5년마다 골재수급 계획을 마련한다. 국토해양부의 제5차 골재수급계획(2014-2018)에 따르면, 앞으로 국내에서 사용 가능한 골재량은 70년 치밖에 남지 않았다. 석유자원만 부족한 게 아니라 그 흔한 모래와 자갈이 부족하다는 충격적 사실이다.

건축은 없고 건설만 넘치는 나라

—

인간의 생존에 꼭 필요한 3가지를 의·식·주라고 한다. 《주거환경학개론》(세진사, 2001)의 저자 박전자 교수는 의·식·주 중 '주'의 중요성을 다음과 같이 설명한다.

건설폐기물은 재건축현장만이 아니라 도로에서도 발생한다. 버리면 매립지 수명을 단축하고 환경오염을 일으키지만, 재활용하면 소중한 자원이 된다.

인간 생활의 세 요소인 의생활, 식생활, 주생활 중 가장 기본이 되는 주생활은 인간에 있어서 여러 가지 의미를 내포하고 있는데, 주생활 안에서 의생활, 식생활이 이루어지고 더 나아가서 자녀교육, 오락, 종교, 이웃이나 친지와의 친교 등 인간에게 중요한 생활이 이루어지기 때문이다. 또한 주생활은 인간의 사회활동과 깊은 관계를 갖는다. 예를 들어 집안에서 피로를 풀고 심신의 활력을 찾을 수 없다면 사회활동이 원만히 이루어지기를 기대하기 힘들고, 쾌적하지 못한 주생활의 감정문제가 사회활동에까지 영향을 미치게 된다.

따라서 주생활은 개인적 생활과 가족의 생활이 포함되며 이것이 전체적인 사회생활에 속하게 된다. 즉 단편적이고 부분적인 면뿐만 아니라 종합적이고 전체적인 개념으로 이해되어야 한다.

우리는 반만년의 긴 역사를 자랑한다. 역사가 오래되었다는 것은 이 땅이 일회용 소모품이 아님을 의미한다. 이 땅에 오랜 시간 선조들이 살아왔고, 이 아름다운 산하를 지키기 위한 선조들의 희생 덕에 오늘 우리가 편안하게 살아갈 수 있는 것이다. 이곳은 지금 우리 세대만이 아니라 앞으로도 오랜 세월 후손들이 건강하고 행복하게 살아가야 할 터전이다.

그런데 인간이 살아가는 데 꼭 필요한 3대 필수 요건 중 제일 중요한 집을 짓는 건축 재료가 앞으로 70년 사용할 분량밖에 남지 않았다고 한다. 이는 분명 중요하고 대책이 시급한 이슈다. 이런 현실 앞에서 우리는 제대로 미래를 준비하고 있을까?

우리는 미래를 전혀 생각하지 않고 산다. 오늘도 전국에서 멀쩡한 집을 부수고 새로 짓는 일이 반복되고 있다. 그저 지금 내가 최대의 이익만 챙기면 그뿐이라는 생각이다.

'환경을 생각한다'는 것은 지금 우리의 행동이 미래에 미치는 영향을 생각하는 것이다. 이 땅에 살아갈 후손들이 건강하고 행복하게 살아갈 건강한 땅을 물려주어야 할 책임이 우리에게 있다. 미래를 생각하지 않는 오늘의 재건축·재개발사업은 결국 후손들의 미래를 훔쳐 쓰는 잘못이다.

우리는 건축자원이 부족하다는 사실을 알면서도 쉽게 부숴버릴 20-30년짜리 하루살이 도시를 만들고 있다. 이는 부족한 골재 자원의 낭비만 초래하는 것이 아니다. 수명이 20-30년에 불과한 아파트는 문화와 역사가 될 수 없다. 그저 환경오염을 일으키는 쓰레기에 불과하다. 우리는 시간의 축적인 역사와 문화를 남기기 위한 건축을 고민하지 않는다.

건국대학교 건축과 이상헌 교수는 《대한민국에 건축은 없다》(효형 출판, 2012)에서 서울 풍경은 건축이 아닌 건설의 결과물일 뿐이며, 한국에서 재개발이 일상이 된 이유는 '건축'이 없기 때문이라며 날마다 부수고 새로 짓는 대한민국의 슬픈 현실을 이야기한다.

일제 강점기에 도입된 서양 건축은 디자인이라기보다 새로운 재료와 구조, 시공기술이었다. 그러다 6·25 전쟁으로 국토가 폐허가 되고, 5·16 군사 쿠데타로 군사정권이 들어선 이후 경제개발이 추진되면서 건설의 사회적 수요가 급증했다. 건축과 건설의 구분조차 명확치 않은 상태에서 건설의 비중이 커지다 보니 문화로서의 건축이나 디자인에 대한 담론이 형성되고 뿌리내릴 여유가 없었다.

1970-1990년대 한국은 급속한 도시화 과정을 거치며 역사상 유례없는 건설 붐을 겪었다. 이 과정에서 건축을 건설로 보는 사회적 인식은 더욱 깊이 뿌리내렸다. 건축설계는 건설에 필요한 도면을 생산하는 일 정도로 간주되었다. 한국의 도시는 건축이 아닌 건설의 결과다. 현대 한국 도시를 구성하는 아파트와 주택, 빌딩들은 도로, 교량, 철도와 같은 건설의 결과물이다. 한국 도시의 무미건조함과 삭막함의 이유가 여기 있다.

건축이 없다는 것은 개인과 공동체가 물리적 환경에 부여할 가치나 삶의 이야기가 없다는 것이다. 우리가 사회에서 관계 맺고 살아가는 방식에 대한 체계화된 지혜와 공동의 규범, 질서가 없다는 것을 의미한다. 건설은 삶의 이야기를 담지도, 공동체 환경을 만들지도 못한다. 우리의 삶과 소통하는 시각적·공간적 환경을 만드는 것은 바로 건축이다.

건축 대신 건설만 넘쳐나는 대한민국은 오직 좀 더 많은 이익을 찾아 오늘도 부수고 짓는 일을 반복하며 떠돌고 있다. 문화도, 마을도 사라지고 없다. 오직 대형 건설회사의 이름이 달린 수명 20-30년짜리 아파트만 남발하고 있다. 세계 어디에서도 찾아볼 수 없는 환경 재앙의 나라가 되었다.

롯데캐슬, 래미안, 아이파크, 자이, 힐스테이트, 월드메르디앙, 경남아파트, 두진아파트⋯ 경부고속도로를 이용해 서울로 들어가다 한강변 가까이 늘어선 아파트 벽에 적힌 이름들이다. 여기 어디에 문화와 역사가 있을까?

건축가 정기용은 《사람, 건축, 도시》(현실문화, 2008)에서 "'집'과 '삶'이 변질되었다. 사람들은 이제 어느 동네에 살고 있다기보다는 재벌회사들의 이름 속에 살고 있고 그것으로 자신들의 주생활을 저당잡혀 있는 셈이다. 도대체 어느 나라 사람들이 어디 사냐고 물으면 '나는 현대에 살고, 너는 삼성에 살며, 그 친구는 대우에 살고, 저 친구는 우성에 산다'라고 말할 수 있단 말인가! 동네가 아니라 대기업체의 이름 속에 당당하게 살기 시작하면서부터 우리는 각자의 삶을 살기보다는 집이라는 상품을 소비한다고 말할 수밖에 없다고 생각한다"며 "주거문화의 핵심은 돈이다. 사람들은 더 이상 동네에 살지 않고 대기업 이름 속에 살고, 집에 살지 않고 면적 속에 갇혀 있으며, 삶을 사는 것이 아니라 돈을 살고 있는 셈이다"라고 강조했다.

건축계에서도 '아나바다'를!

—

'아껴 쓰고 나누어 쓰고 바꾸어 쓰고 다시 쓰다'를 줄여 '아나바다'라고 한다. 물품을 서로 교환하거나 판매를 통해 물자를 절약하고 자원 재활용을 실천하는 운동을 통틀어 이르는 말이다.

아직 멀쩡한 집도 이익이 된다면 부수고 새로 짓는 재건축과 재개발이 유행인 대한민국에서 건축자원이 부족한 후손들을 위해 건축계의 '아나바다'를 실천할 방법은 없을까? 있다. 오늘도 엄청난 양으로 발생하는 건설폐기물을 재활용하는 것이다.

건설폐기물을 재활용하면 매립비용과 천연골재 생산비용을 절감하는 '직접적 편익'과 천연골재 채취로 발생하는 자연환경 파괴와 같은 환경 피해를 저감할 수 있는 '간접적 편익'이 발생한다.

첫째, 매립비용 절감 효과를 살펴보자.

건설폐기물은 대부분 매립으로 처리했다. 현재 수도권 매립지에 반입되는 폐기물 중 약 50퍼센트가 건설폐기물이다. 매립되어야 할 건설폐기물을 재활용하면, 매립비용은 물론 향후 매립지를 새로 조성하기 위한 매립시설 부지비, 건설비, 운영관리비 등을 절감할 수 있다. 지난 1992년부터 2000년까지 쓰레기를 매립한 후 현재 골프장으로 운영 중인 제1 매립장에서 침출수가 계속 발생해 사후처리기간 연장으로 약 1300억 원의 처리비용이 더 필요한 것으로 최근 밝혀진 것처럼, 매립지는 사용 종료 후에도 사후 관리비용을 필요로 한다.

둘째, 천연골재 생산비용 절감 효과다.

건설폐기물 중 폐콘크리트가 약 64퍼센트로 가장 큰 비중을 차지하고, 폐아스팔트콘크리트가 18.3퍼센트로 건설폐기물이 총 83퍼센트를 차지한다. 이를 파쇄해 순환골재로 만들어 건설공사에서 기층용, 보조 기층용, 콘크리트용 골재 등으로 재활용할 수 있다.

한국기술융합연구원과 국립 금오공과대학교 산학협력단이 조사한 "순환골재의 실질재활용률 향상을 위한 제도 개선방안"(2013. 11)에 따르면, 건설폐기물을 순환골재로 만들어 재활용해 얻게 되는 편익을 추정한 결과, 순환골재 1톤당 경제적 편익 1만 3308원, 환경적 편익 1만 3816원으로 총 2만 7124원의 편익이 발생한다고 한다.

2010년 폐콘크리트가 하루에 11만 4302톤, 일 년에 4172만 톤 발생했다. 발생하는 폐콘크리트를 전량 재활용한다는 전제하에 순환골재 1톤당 발생 편익 2만 7124원으로 2010년 1년 동안 발생하는 편익 규모를 추정하면, 매립 절감에 따른 편익은 4505억 원, 천연골재 대체에 따른 편익 1666억 원 등 총 6172억 원의 편익이 발생한다는 것이다.

특히 재건축과 재개발의 영향으로 폐콘크리트 발생량이 지속적으로 증가하고 있어 2015년에는 7496억 원, 2025년엔 1조 2123억 원으로 편익 규모가 증가할 것으로 추정했다.

건축물의 노후화로 인한 재건축과 재개발이 점차 증가하고 있다. 건설폐기물을 그냥 매립하면 매립장의 수명만 단축되지만, 이를 잘 활용하면 매립지 수명을 연장할 수 있을 뿐만 아니라 70년 치밖에 남지 않은 골재 자원을 대체하는 효과를 얻을 수 있다. 환경도 보호하고 자원도 절약하는 '꿩 먹고 알 먹는' 건설폐기물 재활용에 좀 더 지혜를 모아야 할 때다.

건설폐기물 1톤당 편익 추정 결과

구분	세부 항목		순환골재 1톤당(원)
매립 절감에 따른 편익	부지매입 및 건설 비용	부지매입 비용(A)	2,733
		건설 비용(B)	845
		소계	3,578
	운영관리 비용	인건비(C)	2,792
		매립·복토비(D)	1,384
		침출수 처리비(E)	587
		주민지원사업비(F)	2,498
		기타(G)	8,692
		소계	15,643
	계		19,801
천연골재 대체에 따른 편익	천연골재의 생산비용 저감(H)		6,938
	산림 자원 훼손 비용 저감(I)		66.5
	복구공사 비용 저감(J)		286
	하자보수 비용 저감(K)		14.3
	산림 공익기능 손실 비용 저감(L)		18
	계		7,323
편익 계	경제적 편익(A.B.C.H)		13,308
	환경적 편익(D.E.F.G.I.J.K.L)		13,816
	계		27,124

폐콘크리트 재활용에 따른 연도별 편익 규모 추정

(단위: 억 원)

구분	폐콘크리트 발생량(천톤)	순환골재 활용에 따른 편익	편익 종류별		편익 성격별	
			매립절감 편익	천연골재 대체편익	경제적 편익	환경적 편익
2020년	63,001	9,320	6,803	2,516	4,567	4,753
2021년	66,403	9,823	7,171	2,652	4,813	5,010
2022년	69,989	10,353	7,558	2,795	5,073	5,280
2023년	73,769	10,913	7,966	2,946	5,347	5,565
2024년	77,752	11,502	8,396	3,105	5,636	5,866
2025년	81,951	12,123	8,850	3,273	5,940	6,183

* "순환골재의 실질재활용률 향상을 위한 제도 개선방안"(2013.11).

순환골재, 이렇게 만든다

모래가 가득 쌓여 있다. 강과 바다에서 퍼온 모래가 아니다. 버려지는 건설폐기물에서 폐콘크리트를 선별·파쇄해 시멘트와 굵은 골재를 분리하고, 또다시 불순물인 토사를 분리해 고운 모래만 골라낸 것이다.

저 딱딱한 콘크리트 덩어리에서 모래를 분리해내다니! 눈으로 보고도 믿기지 않았다. 버려질 건설폐기물을 건설폐기물 중간처리업체에서 다시 사용 가능한 건축 재료로 탈바꿈시키는 현장은 마치 마법이라도 부리는 것 같았다. 건설폐기물 중간처리업체에서는 콘크리트를 파쇄해 자갈만 만드는 것이 아니었다. 시멘트에 혼합되어 딱딱한 콘크리트가 되기 전 원래의 모래로도 다시 변신시킬 수 있었다.

지금 내 손 안에 있는 모래는 30여 년 전 아름다운 어느 강가에 있었다. 어느 날 모래 채취업자에 의해 고향을 떠나 이름 모를 건축현장에 실려왔다. 시멘트와 자갈과 함께 뒤섞여 콘크리트 기둥과 보라는 이름으로 30년 동안 사람들의 안전한 보금자리가 돼주었다. 그 자리에

건설폐기물을 파쇄하고 토사를 분리해내 고운 모래만 선별했다.

서 많은 사람들이 살아가는 모습을 지켜보았다. 시간이 흘렀다. 아직도 튼튼한데, 사람들이 집을 부수기 시작했다.

이제는 건설폐기물이라는 이름으로 30년 동안 정들었던 자리를 떠나 또 다시 알 수 없는 곳으로 실려갔다. 30년 전 강가에서 떠나올 때에는 모두가 같은 모래 친구들만 있었다. 이번엔 크고 작은 콘크리트 덩어리와 벽돌과 기와 조각과 유리 파편과 헌 옷과 이불 등 온갖 잡동사니에 뒤섞인 쓰레기가 되었다.

쓰레기로 전락해 이제 끝이구나 생각하는데, 건설폐기물 중간처리업체로 실려왔다. 그러고는 콘크리트 덩어리를 '조 크러셔'라는 파쇄기에 무지막지하게 밀어넣고 잘게 부수기 시작했다. 부수고 또 부수었다. 그러기를 여러 번, 갑자기 주위가 조용해졌다. 오랜 시간 숨 막히게 가두고 있던 모든 것이 사라졌다. 30년 전 강가에 있던 그 모습, 바로 '모래'가 된 것이다.

건설폐기물은 버리면 그냥 환경오염을 일으키는 쓰레기에 불과하다. 그러나 폐콘크리트를 모아 파쇄하고 선별해내면 다시 반짝이는 모래와 자갈이 된다.

건설폐기물의 변신 과정

—

건설폐기물의 변신 과정은 이렇다. 토목 또는 건축물 철거현장에서 나온 건설폐기물을 운반처리업자들이 덤프트럭으로 건설폐기물 중간처리업체로 이송해온다.

건설폐기물에는 재활용이 가능한 폐콘크리트와 폐아스팔트콘크리트만 있는 것이 아니다. 폐벽돌과 폐기와를 비롯해 폐목재와 헌 옷과 폐전선과 폐플라스틱 등 건축물 안에 있던 온갖 종류의 폐기물이 다 함께 실려온다.

중간처리업체로 실려온 건설폐기물을 우선 장비를 이용해 폐목재, 폐플라스틱, 헌 옷 등의 이물질을 1차 선별해낸다.

선별작업을 마친 커다란 콘크리트 덩어리를 '조 크러셔'라고 부르는 파쇄기로 500-150밀리미터 크기로 1차 파쇄한다. 이후 '콘 크러셔'(100-10밀리미터), '롤 크러셔'(20-10밀리미터), '임팩트 크러셔'(5밀리미터 이하) 등 재활용 용도에 맞는 파쇄과정을 거친다.

파쇄된 콘크리트 덩어리에는 나무 조각을 비롯해 천, 플라스틱, 비닐,

	조 크러셔	콘 크러셔	롤 크러셔	임팩트 크러셔
크기 (mm)	500-150	100-10	20-10	5

자기류, 못과 쇠붙이 등의 이물질이 포함되어 있다. 좋은 품질의 순환골재를 생산하기 위해서는 이물질 선별이 필수다. 파쇄과정에 따라 사람이 직접 선별하거나 풍력이나 자력 및 수력 등을 이용해 이물질을 선별해내기도 한다.

천연골재와 순환골재

순차적인 파쇄와 선별 과정을 거친 순환골재가 컨베이어 벨트를 타고 이동해 크기별로 정해진 자리에 쌓여간다. 이렇게 파쇄한 후 법에 정해진 용도에 맞게 재활용한다. 건설폐기물이 재활용 용도에 맞게 여러 단계 파쇄과정을 거쳐 나온 것을 '순환골재'라고 하는데, 몇 가지 용어를 설명하면 다음과 같다.

국토교통부의 '순환골재 품질기준'에 따르면, 천연골재와 순환골재 등을 다음과 같이 설명한다. '천연골재'란 석산, 수중 등 자연에서 채취한 굵은 골재나 잔골재이고, '순환골재'란 "건설폐기물의 재활용 촉진에 관한 법률" 제2조제7호의 규정(건설폐기물을 물리적 또는 화학적 처리과정 등을 거쳐 같은 법 제35조의 규정에 의한 품질기준에 적합하게 한 것)에 적합한 골재를 말한다.

또 '콘크리트용 골재'란 콘크리트 생산에 사용되는 굵은 골재 또는 잔골재를 말하고, '콘크리트 제품 제조용 골재'는 콘크리트 벽돌 등 다양한 종류의 콘크리트 제품 제조에 사용하는 순환골재를 말한다. 또 '폐아스팔트콘크리트'는 아스팔트 포장도로를 절삭 또는 철거한 것과

건설폐기물이 선별 파쇄 과정을 거쳐 굵은 골재와 모래로 변신한다.

골재 용어 설명

구분	내용
천연골재	석산, 수중 등 자연에서 채취한 굵은 골재나 잔골재.
순환골재	건설폐기물을 물리적 또는 화학적 처리과정 등을 거쳐 건설폐기물의 재활용 촉진에 관한 법률 제35조의 규정에 의한 품질기준에 적합하게 만든 골재.
콘크리트용 골재	콘크리트 생산에 사용되는 굵은 골재 또는 잔골재.
콘크리트 제품 제조용 골재	콘크리트 벽돌 등 다양한 종류의 콘크리트 제품 제조에 사용하는 순환골재.
페아스팔트콘크리트	아스팔트 포장도로를 절삭 또는 철거한 것과 생산·시공 과정에서 폐기되는 것.
아스팔트콘크리트용 순환골재	폐아스팔트콘크리트를 중간처리(파쇄, 체가름)한 골재.

생산·시공과정에서 폐기되는 것이고, '아스팔트콘크리트용 순환골재'란 폐아스팔트콘크리트를 중간처리(파쇄, 체가름)한 골재를 말한다.

건설폐기물을 이용한 순환골재라고 대충 몇 번 파쇄해서 사용하는 것이 아니다. 사용 용도에 맞는 품질기준이 규정되어 있다.

국토교통부는 2003년 12월 제정된 "건설폐기물의 재활용 촉진에 관한 법률" 제25조 규정에 근거해 건설폐기물 중 폐콘크리트 및 폐아스팔트콘크리트 등의 파쇄·처리에 의해 생산되는 순환골재의 재활용을 위하여 건설공사의 안전과 품질확보를 고려한 "용도별 품질기준"을 규정하고 있다.

순환골재의 용도는 도로기층용, 도로보조기층용, 콘크리트용, 아스팔트콘크리트용, 노상용, 되메우기 및 뒷채움용, 성토용, 복토용, 매립시설의 복토용 등 총 13가지로 규정되어 있었으나, 2009년 6월 개정된 공고에서 하수관로 설치용 모래 대체 잔골재를 추가해 현재 총 14개의 용도별 품질기준을 제시하고 있다.

순환골재 사용처와 용도

분야	용도	
도로	노체용	
	노상용	
	동상방지층 및 차단층용	
	도로보조기층용	
	도로기층용	기층용
		입도조정기층용
		빈배합콘크리트기층용 (잔골재, 굵은 골재)
	아스팔트콘크리트용	
콘크리트	잔골재	
	굵은 골재	
	제품 제조용	
기타	하수관로 설치용 모래 대체 잔골재용	
	되메우기 및 뒷채움용	
	성토용	
	복토용	
	매립시설 복토용	

시커먼 아스팔트도 쓰레기가 아니다

—

크기별로 분류되어 있는 순환골재 창고에 시커먼 물체가 가득 쌓여 있다. 무엇일까? 폐아스팔트콘크리트를 재활용하기 위해 곱게 파쇄해 놓은 것이다.

자동차가 씽씽 달리던 도로에 깔려 있던 폐아스팔트도 수명이 다했다고 그냥 버려지는 쓰레기가 아니다. 폐콘크리트를 파쇄해 재활용하듯 폐아스팔트콘크리트도 잘게 파쇄해 아스팔트 도로 시공에 재활용한다.

폐아스팔트콘크리트의 경우 발생 장소가 광범위하고 산발적으로 발생한다는 특징이 있다. 특히 폐아스팔트콘크리트는 골재 표면의 역청재료로 인해 현재 도로포장용 아스팔트로 사용처가 한정되어 있다.

또한 모든 건설폐기물 중간처리업체에서 폐아스팔트콘크리트를 재활용하는 것은 아니다. 아직 일부 업체만 가능하다. 폐아스팔트콘크리트도 대량 생산기술을 확보해 품질을 균질화함으로써 경제성을 확보할 필요가 있다.

도로 공사로 발생하는 폐아스팔트콘크리트도 그냥 버리는 쓰레기가 아니다. 파쇄과정을 거치면 아스팔트 도로 공사에 재활용할 수 있다.

재활용률 98.1퍼센트에 숨어 있는 비밀

환경부는 폐기물관리정책 수립을 위한 기초자료 확보를 위해 폐기물관리법 제11조에 의거해 1996년부터 5년 단위[제1차(1996-1997), 제2차(2001-2002), 제3차(2006-2007), 제4차(2011-2012), 제5차(2016-2017)]로 생활폐기물, 사업장폐기물, 기타폐기물, 환경기초시설 등을 조사해 "전국폐기물통계조사"를 발표하고 있다.

환경부의 "2017 전국 폐기물 발생 및 처리 현황"(2018)에 따르면, 2017년 전체 폐기물 발생량은 41만 4626톤이고, 그중 매립이 7.8퍼센트, 소각이 5.8퍼센트이고, 재활용이 86.4퍼센트를 차지하고 있다. 특히 폐기물의 종류별 재활용 현황을 살펴보면, 생활폐기물의 재활용률이 61.6퍼센트, 사업장폐기물이 80.6퍼센트인데 비해 건설폐기물의 재활용률은 무려 98.1퍼센트에 이른다.

폐기물 종류별 처리 현황

		생활폐기물	사업장폐기물	건설폐기물	전체
		53,490	164,874	196,262	414,626
매립	폐기물량(톤)	7,240	22,092	2,937	32,269
	비율(%)	13.5	13.4	1.5	7.8
소각	폐기물량(톤)	13,318	9,859	861	24,039
	비율(%)	24.9	6.0	0.4	5.8
재활용	폐기물량(톤)	32,932	132,875	192,464	358,271
	비율(%)	61.6	80.6	98.1	86.4

• 환경부·환경관리공단, "2017 전국 폐기물 발생 및 처리 현황"(2018).

재활용률이 높으면 괜찮은 걸까?

—

건설폐기물의 재활용률은 98.1퍼센트로, 다른 폐기물에 비해 재활용이 잘되고 있다. 그렇다면 건설폐기물 처리가 잘되고 있는 것이며, 아무 문제가 없는 것일까?

건설폐기물은 매립이 1.5퍼센트이고 소각률이 0.4퍼센트에 불과하다. 그러나 건설폐기물의 발생량이 전체 폐기물 발생량의 47퍼센트에 이르기 때문에, 이 중 1.5퍼센트인 2937톤의 건설폐기물은 매립되는 생활폐기물의 약 40퍼센트에 이른다.

2020년부터 수도권 매립지의 수명 연장을 위해 서울, 인천, 경기도에 반입폐기물총량제가 실시된다. 그러나 생활폐기물만 감량한다고 수도권 매립지의 수명을 연장하기는 어렵다. 여러 번 언급했듯이 수도권 매립지에 매립되는 폐기물의 약 50퍼센트가 건설폐기물이기 때문

인테리어 과정에서 발생하는 5톤 미만의 폐기물은 콘크리트 덩어리라도 생활폐기물로 분류해 매립된다.

주변에서 불법 투기된 건설폐기물을 쉽게 볼 수 있다. 이런 폐기물은 환경부의 폐기물 처리 통계에서 누락된다.

이다. 이는 건설폐기물 발생량 자체를 줄이는 정책이 필요함을 의미한다. 12.9퍼센트에 불과한 생활폐기물의 10퍼센트를 줄여봐야 수도권 매립지 수명 연장에 큰 효과를 거둘 수 없기 때문이다.

특히 정부의 폐기물 분류에서 집수리나 인테리어 등에서 발생하는 5톤 이하의 폐기물은 건설폐기물이 아닌 생활폐기물로 분류된다. 정부는 불법 투기 폐기물의 원인으로 인테리어 등 5톤 이하의 생활폐기물을 지적하고 있다. 최근 문제가 되고 있는 불법 투기 폐기물 중 무려 79.9퍼센트가 건설폐기물이다. 의정부 전철역 근처에 버려진 불법 투기 폐기물도 건설폐기물이었다.

인적이 드문 곳에 불법으로 버려진 건설폐기물을 쉽게 찾아볼 수 있다. 재활용률 98.1퍼센트라는 수치상으로는 건설폐기물 처리가 잘되고 있는 것처럼 보인다. 그러나 발생과 처리 통계에 잡히지 않고 불법 투기되는 건설폐기물이 많고, 98.1퍼센트 재활용률에 숨어 있는 또 다른 문제들이 있다. 재활용이라는 이름으로 2차 환경오염을 일으키는 경우다. 건설폐기물 처리에 급급해 건설폐기물의 재활용으로 인한 2차 환경오염에 대한 고려가 부족해 발생한다.

건설폐기물 재활용은 반드시 필요한 정책이다. 그러나 재활용을 통해 2차 환경오염이 발생하는 잘못된 재활용은 개선이 필요하다.

2019년 6월 기준 현재, 한국건설자원협회에 등록된 품질인증 현황에 따르면, 463개 건설폐기물 중간처리업체 중 339개 업체가 도로공사용 순환골재를 생산하고 있고, 고품질의 콘크리트용 순환골재를 만드는 업체 수는 굵은 골재 90개사, 잔골재까지 생산 가능한 업체 27개사, 그리고 아스팔트콘크리트용 순환골재 생산업체 21개사다.

건설폐기물 중간처리업체의 순환골재 생산기술 현황

구분		사용 용도	비고 (2019. 6 기준)
도로공사용		• 도로보조기층용 • 동상방지층용 및 차단층용	339개사
콘크리트용	굵은 골재	• 콘크리트용 • 콘크리트제품 제조용	90개사
	잔골재	• 도로기층용 중 빈배합콘크리트기층용	27개사
아스팔트용		• 순환아스팔트콘크리트 제조용	21개사

도로공사용으로 사용되는 순환골재도 천연골재를 대체해 환경을 보호하는 역할을 하고 있음이 분명하다. 그러나 도로공사에서 복토 및 성토용보다 콘크리트용으로 사용하는 것이 더 큰 부가가치가 발생하고, 천연골재 대체 효과도 높다.

순환골재 품질 향상을 위해

—

정부는 다양한 법을 제정해 전국에서 발생하는 건설폐기물의 재활용을 돕고 있다. 그러나 순환골재 사용량 증가를 위한 공공기관의 의무사용만으로는 순환골재의 품질 향상을 이룰 수 없다.

건설폐기물 처리를 민간업체들의 시장논리에만 맡겨두어서는 안 된다. 건설폐기물 처리과정에서 환경문제가 발생하고, 단순 매립용으로 사용해 천연골재 대체 효과도 반감되기 때문이다. 공공성을 띤 순환골재의 재활용 활성화를 위해서는 무엇보다 법률 개정을 통한 정책 지원과 기술개발 등의 다양한 대책이 필요하다.

시화호에 멀티테크노단지를 조성하기 위해 갯벌을 순환골재로 성토했다. 그러나 침출수 발생으로 철새 1000여 마리가 죽는 사고가 일어났다.

대부도의 작은 섬을 연결하기 위해 갯벌에 순환골재를 매립했다. 갯벌 속에 콘크리트 덩어리들이 보인다. 안전을 고려하지 않은 잘못된 재활용이다.

지구의 미래를 생각한 착한 건축물

경부고속도로 상행선 입장휴게소 화장실은 건설폐기물을 파쇄한 순환골재만으로 지어졌다. 화장실 입구에는 '되돌림' 화장실이라고 씌어 있다. 2012년에 세계 최초로 폐콘크리트를 잘게 파쇄한 순환골재만으로 지어졌다. 105제곱미터의 화장실과 67제곱미터의 홍보관이 설치되어 있고, 화장실 입구에는 순환골재의 다양한 종류도 전시되어 있다.

순환골재로 지었다는 안내문이 없었다면 누구도 이 건축물이 건설폐기물을 이용해 지어졌다는 사실을 알 수 없었을 것이다. 천연골재로 지은 건축물과 아무 차이가 없기 때문이다. 지은 지 벌써 8년이 되었지만 안전은 물론 환경에도 아무 문제가 없다.

정부는 순환골재를 사용한 건축물을 지어 건설폐기물 재활용을 국민들에게 홍보하고 있다. 발생량이 많은 건설폐기물을 그대로 방치했다가는 환경재앙이 발생할 수밖에 없고 매립지 수명이 단축될 뿐만 아니라 무엇보다 순환골재는 부족한 천연골재를 대체하는 소중한 자원

순환골재만으로 건축한 경부고속도로 입장휴게소 화장실.

이기 때문이다.

경부고속도로 입장휴게소의 화장실뿐 아니라 광주–대구 고속도로 강산천휴게소 화장실, 내장산 국립공원의 화장실 등을 콘크리트용 순환골재로 건축했으며, 대산–석문 국도 건설공사에도 순환아스팔트콘크리트를 사용했다.

건설폐기물로 집을 짓는 것에 대한 불편함 혹은 불안함
—

건설폐기물을 이용해 집을 짓는 것이 불편하거나 불안한 사람도 분명 있을 것이다. 걱정하지 않아도 된다. 우리의 염려와 달리 건설폐기물의 특징 중 하나는 다른 폐기물에 비해 유해성이 적다는 것이다. 순환골재가 어디에서 나온 것인지 생각하면 우리의 불안이 쓸데없는 기우

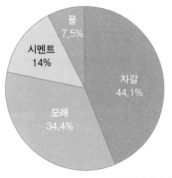

콘크리트용 골재(KS F 2526)의 구성비

물
7.5%

시멘트
14%

자갈
44.1%

모래
34.4%

* 골재협회 홈페이지.

골재의 작용: 골재는 시멘트 콘크리트의 약 70%, 아스팔트콘크리트
의 약 90% 전후의 용적비를 점유하고 콘크리트의 품질을 좌우하는
필수적인 건설기초 자재.

임을 쉽게 증명할 수 있다. 순환골재를 만드는 폐콘크리트는 이전에
우리가 살던 집에서 나온 것이다.

　골재협회 홈페이지에는 '콘크리트'가 시멘트(14퍼센트)와 자갈(44.1퍼
센트)과 모래(34.4퍼센트)를 물(7.5퍼센트)로 혼합해 만든 것이라고 설명하
고 있다. 이를 20-30년 동안 집으로 이용하다가 건축물의 수명이 다해
철거된 것을 건설폐기물 중간처리업체에서 다시 시멘트와 자갈과 모
래로 분리해 재활용하는 것이 순환골재다.

　건설폐기물을 그대로 건축에 사용하는 것이 아니다. 여러 차례의
파쇄와 선별 과정을 거쳐 콘크리트를 이루고 있던 시멘트 성분을 걸러
내고 자갈과 모래만 다시 사용하는 것을 순환골재라고 한다.

순환골재 재활용을 위한 품질기준

—

국토교통부는 2003년 12월에 제정된 "건설폐기물의 재활용 촉진에 관한 법률" 제35조의 규정에 근거해 건설폐기물 중 폐콘크리트 및 폐아스팔트콘크리트 등의 파쇄처리에 의하여 생산되는 순환골재를 재활용하기 위해 '순환골재 품질기준'을 용도별로 상세히 규정하고 있다.

폐콘크리트 및 폐아스팔트콘크리트의 재활용은 폐기물 매립지 부족, 환경보전의 필요성, 급증하는 건설폐기물의 골재자원으로의 활용, 자원순환형 건설산업 체제 구축에 크게 기여하고 있지만, 순환골재의 재활용을 위해서는 반드시 건설공사의 안전과 품질 확보가 전제되어야 하며, 그에 따른 합리적인 품질기준이 필요하기 때문이다.

순환골재를 콘크리트용이나 콘크리트제품용으로 사용한다고 해서 건설폐기물을 파쇄한 순환골재만을 100퍼센트 사용하는 것이 아니다. 천연골재에 순환골재를 일정 비율 혼합해 사용함으로써 건축물의 안전을 확보하고, 천연골재의 사용을 줄이는 효과를 얻는다.

순환골재의 다양한 사용 용도 중 '콘크리트용'으로 사용할 경우 품질기준에 따르면, 천연골재와 혼합해 사용하는 것을 원칙으로 하며, 설계기준강도뿐만 아니라 사용비율을 구체적으로 규정하고 있다.

"순환골재를 사용하여 콘크리트를 제조할 때, 굵은 골재만 사용할 경우 굵은 골재 용적의 60퍼센트 이하, 잔골재만 사용할 경우 잔골재 용적의 30퍼센트 이하로 사용하고, 굵은 골재와 잔골재를 동시에 사용하고자 할 경우에는 사용된 총 골재 용적의 30퍼센트 이내에서 사용하라"

며 골재의 굵기별로 천연골재와의 혼합 비율을 규정해놓았다.

순환골재 사용량을 규정한 것은 폐기물이라는 유해성 때문이 아니다. 지금까지 순환골재가 콘크리트용으로 사용된 실적이나 사례가 많지 않기 때문에 앞으로 순환골재에 대한 사용실적이 축적되고 품질

콘크리트용 순환골재 품질기준

		순환 굵은 골재	순환 잔골재
절대 건조 밀도(g/cm³)		2.5 이상	2.2 이상
흡수율(%)		3.0 이하	5.0 이하
마모감량(%)		40 이하	-
입자모양판정실적률(%)		55 이상	53 이상
0.08mm체 통과량 시험에서 손실된 양(%)		1.0 이하	7.0 이하
알칼리 골재 반응		무해할 것	
점토덩어리량(%)		0.2 이하	1.0 이하
안성성(%)		12 이하	10
이물질 함유량(%)	유기이물질	1.0 이하(용적)	
	무기이물질	1.0 이하(질량)	

콘크리트용 순환골재 사용비율

설계기준강도 (MPa)	사용 골재	
	굵은 골재	잔 골재
27 이하	굵은 골재 용적의 60% 이하	잔골재 용적의 30% 이하
	혼합 사용 시 총 골재의 30% 이하	

* 국토교통부, 순환골재 품질기준.

순환골재 사용 범위

설계 기준강도 (MPa)	사용 골재		적용 가능 부위
	굵은 골재	잔골재	
21 이상 27 이하	천연 굵은 골재 및 순환 굵은 골재	천연 잔골재	기둥, 보, 슬래브, 내력벽, 교량하부공, 옹벽, 교각, 교대, 터널 라이닝공 등
21 미만		천연 잔골재 및 순환 잔골재	콘크리트 블록, 도로 구조물 기초, 측구, 집수받이 기초, 중력식 옹벽, 중력식 교대, 막콘크리트, 강도가 요구되지 않는 채움재 콘크리트, 건축물의 비구조체 콘크리트 등

관리가 원활히 이루어지기까지 순환골재의 사용량 및 적용 범위를 점차 확대하는 것이 필요하기 때문이다.

순환골재의 이물질 함유량 기준

—

순환골재를 콘크리트용으로 사용한다고 해서 천연골재 중 30퍼센트라는 비율만 맞추면 되는 것도 아니다. 정부가 무조건 재활용률을 높이기 위해 안전이나 유해성 기준 없이 순환골재 사용을 권장하는 것이 아니라는 말이다.

예를 들어 용도별 순환골재의 기준 중 '콘크리트용 순환골재'의 경우, 폐콘크리트를 파쇄처리해 생산되는 순환골재 중 콘크리트용 골재로 사용이 가능한 골재의 품질을 구체적으로 규정하고 있다.

순환골재를 만들 때 투입되는 폐콘크리트는 환경에 유해한 화학물질이나 악취를 발생시키는 물질, 콘크리트 품질에 나쁜 영향을 미치는 물질을 포함하지 않아야 하며, KS F 2527(콘크리트용 골재)에서 규정하는 입도를 충족해야 한다고 규정하고 있다.

특히 건설폐기물은 폐콘크리트와 폐아스팔트콘크리트뿐 아니라 기와, 벽돌, 유리, 천조각 등 온갖 성상의 폐기물이 혼합되어 있기 때문에 이런 이물질 함유량에 대한 기준도 명확히 규정하고 있다.

순환골재에 혼입된 아스팔트콘크리트, 유리, 슬레이트, 자기류, 적벽돌 등의 무기이물질 함유량은 총 골재 질량의 1.0퍼센트 이하여야 하며, 골재 속에 포함된 비닐, 플라스틱, 목재, 종이 등의 유기이물질 함유량은 총 골재 용적의 1.0퍼센트 이하여야 한다. 순환골재의 이물질 함유량을 측정하고 이를 일정 비율로 규정하는 이유는 순환골재에 포함된 이물질이 콘크리트 강도 등 전반적인 품질을 저하시킬 우려가 있기 때문이다.

지구의 미래를 생각한 착한 건축물

—

순환골재는 우리가 오랫동안 살던 집을 재건축이나 재개발로 해체하는 과정에서 발생한 것이며, 선별과 파쇄 과정을 통해 재활용하지만 거기에 반드시 용도에 맞는 품질기준 및 이물질 함유량 기준이 있다.

순환골재로 지은 건축물이 우리 주변에 많아지면 좋겠다. 안전이 우려된다면, 하중을 많이 받는 아파트보다 단독주택이나 빌라 등에 먼저 사용하도록 권장하자. 그리고 순환골재를 사용한 건축물에 다양한

버려지면 환경오염을 일으키는 쓰레기지만, 이물질을 선별하고 파쇄하면 재활용이 가능한 소중한 자원으로 거듭난다.

인센티브를 제시한다면 순환골재 재활용이 지금보다 더 활성화될 것이다. 순환골재를 활용한 건축물은 매립지 수명을 연장하고 사용연한이 70년밖에 남지 않은 천연골재를 지켜내는 착한 건축물이다.

재활용 활성화를 위한 기술개발의 필요성

넓은 야적장에 콘크리트 제품들로 가득했다. 세굴방지블록, 친환경잔디블록, 대형축조블록, 생태식생호안블록, 고강도포장용블록, 콘슬라트 등 헤아리기 힘들 만큼 다양한 용도의 크고 작은 콘크리트 제품들이 자태를 뽐내고 있다.

공장 안에서는 몰드에 콘크리트를 붓는 작업부터, 양생된 제품을 탈형해 야적장으로 옮기는 작업까지 진행되며 다양한 제품들이 쏟아져 나오고 있었다. 콘크리트 제품을 만들기 위해 모래와 자갈을 쌓아놓은 골재 적치장엔 천연골재와 순환골재라는 명패가 걸려 있었다. 이 공장에서 생산하는 모든 제품들은 순환골재를 천연골재와 혼합해 만들고 있다는 증거였다. 버려지는 건설폐기물을 선별·파쇄해 만든 순환골재가 단순히 도로공사용이나 성토용에 그치지 않고, 우리 일상의 다양한 콘크리트 제품들로 변신하는 놀라운 기적의 현장이었다.

순환골재를 이용한 제품이 쉽게 만들어지는 것은 아니었다. 공장

다양한 콘크리트 제품들이 모두 건설폐기물을 순환골재로 만들어 생산한 것이다.

입구 한쪽에 강도 측정을 하는 실험물이 가득했다. 끊임없는 연구와 실험이 있었기에 건설폐기물을 이용한 순환골재가 반짝이는 콘크리트 제품으로 변신할 수 있었던 것이다.

순환골재를 활용한 콘크리트 제품을 설명하는 팸플릿에 실린 글귀가 눈길을 끌었다.

㈜○○○은 2010년 창업 후 더 나은 제품개발을 위해 기업연구소를 설립하여 자연환경복원 및 생태 환경복원 기술과 수해상습지 개선을 위한 제품들을 연구 개발하고 있으며, '자연이 숨을 쉴 때 사람도 숨을 쉰다'라는 생각을 바탕으로 자연과 인간의 조화를 제품에 어떻게 적용시킬까 고민하며 끊임없는 연구 개발을 통한 실용적인 제품을 생산하기 위해 많은 노력을 기울이고 있습니다.

많은 노력을 기울였다는 말이 입에 발린 구호가 아님은 이 업체가 건설폐기물을 이용해 받아낸 다음의 다양한 특허들을 통해 확인할 수 있었다.

- 건설폐기물 순환골재를 이용한 비시멘트 친환경 신 건설자재인 지오폴리머 콘크리트.
- 순환골재를 이용한 상온 아스팔트 혼합물 및 그를 이용한 포장구조.
- 폐아스팔트를 이용한 상온 아스팔트 혼합물 및 그를 이용한 포장구조.
- 순환골재를 함유한 친환경 호안블록 결합재 조성물.
- 건설폐기물 순환골재를 이용한 비시멘트 친환경 신건설자재인 지오폴리머 콘크리트의 제조방법.
- 이산화탄소로 처리된 순환골재를 함유한 친환경 호안블록의 조성물과 이를 이용하여 제조된 호안블록.

자연 모래와 함께 건설폐기물을 선별·파쇄해 만든 부순 굵은 골재와 부순 잔골재를 함께 혼합해 콘크리트 제품을 만든다.

구분		사용 용도	비고 (2019. 6 기준)
도로공사용		• 도로보조기층용 • 동상방지층용 및 차단층용	339개사
콘크리트용	굵은 골재	• 콘크리트용 • 콘크리트 제품 제조용	90개사
	잔골재	• 도로기층용 중 빈배합콘크리트기층용	27개사
아스팔트용		• 순환아스팔트콘크리트 제조용	21개사

㈜○○○은 폐콘크리트와 폐아스팔트콘크리트를 파쇄 선별하여 순환골재인 굵은 골재와 잔골재를 비롯해 모래까지 생산하는 중간처리업체다. 순환골재를 생산해 건설현장에 공급하는 데 그치지 않고 순환골재를 이용한 콘크리트 제품을 연구·개발·생산까지 하고 있다.

건설폐기물 중간처리업체가 모두 이런 기술을 가진 것은 아니다. 2019년 6월 기준 현재, 한국건설자원협회에 등록된 품질인증 현황에 따르면, 463개 건설폐기물 중간처리업 중 339개 업체가 도로공사용 순환골재를 생산하고 있고, 고품질의 콘크리트용 순환골재를 만드는 업체 수는 굵은 골재 90개사, 잔골재까지 생산 가능한 업체 27개사, 그리고 아스팔트콘크리트용 순환골재 생산업체는 21개사에 불과하다.

정부 지원의 필요성

—

국토교통부의 "순환골재 품질기준"은 "건설폐기물의 재활용 촉진에 관한 법률 취지가 순환골재를 고부가가치의 골재 대체자원으로 재활

자연사와 순환골재를 혼합해 콘크리트 제품을 생산하고 있다. 순환골재 사용을 활성화하기 위한 다양한 자원과 노력이 필요하다.

용함을 목적으로 한다"고 밝히고 있다. 그러나 건설폐기물 중간처리업체들이 현재 도로공사용 순환골재 생산 수준에 머물러 있는 현실에서 '고부가가치의 골재 대체자원으로 재활용'한다는 목적은 달성하기 어렵다.

한국건설기술연구원은 국토교통부에 제출한 〈순환골재 활성화 방안 연구〉(2014. 12)에서 "국토교통부는 건설폐기물의 재활용 활성화를 위해 순환골재의 활용 용도를 규정하고, 공공 공사의 경우 일정량의 순환골재 등을 의무적으로 활용하도록 하고 있다. 그러나 공공 공사의 의무사용 용도가 도로보조기층용, 기초다짐용, 뒤채움용 등으로 한정되어 있으며, 민간공사에는 순환골재 의무사용이 규정되어 있지 않고, 지금까지 순환골재로 건축물을 건축한 사례가 적을 뿐 아니라 순환골재에 대한 국민들의 인식이 낮아 순환골재의 수요 확대에 한계가 있다"고 문제점을 지적했다.

환경부 역시 "건설폐기물 재활용 기본계획"(2007-2011)에서 "현재까지의 건설폐기물의 재활용이 주로 저급의 용도에만 국한되어 있어 건설폐기물의 불법매립 및 투기가 만연한 원인이 되었다"며, "현재 양적인 면에서 건설폐기물 재활용률이 일시적으로 증가한 것처럼 보이나 질적인 면에서는 재활용 수준이 매우 낮아 장기적으로 건설폐기물의 재활용 의지를 떨어뜨리는 역효과가 발생"한다고 품질 향상을 위한 기술개발의 필요성을 제기했다.

한국건설기술연구원은 "순환골재 품질인증업체의 대부분은 시장 및 자본의 영세성으로 인하여 설비 노후, 잦은 기술 인력의 교체 등 타 산업 분야에 비해 열악한 생산환경에 놓여 있으며, 그 결과 순환골재 품질확보 및 활용 촉진을 위한 품질보증체제가 확립되지 못하는 등 타 산업 분야에 비해 상대적으로 자율적인 품질확보 노력이 미흡한 실정"이라며 순환골재 품질이 낮은 원인으로 순환골재 품질인증업체의 영세성을 지적했다.

그동안 환경부와 국토교통부가 매립지 수명 연장과 천연골재 자원 대체를 위해 다양한 제도를 만들고 공공사업장의 순환골재 의무사용을 규정하는 등 건설폐기물의 재활용을 위해 노력을 기울여왔다. 그러나 정부가 순환골재 사용 확대를 위해 좋은 정책을 아무리 많이 만들어도 순환골재 생산업체의 생산 수준이 도로공사용에 머문다면 고부가가치의 골재 대체를 통한 순환골재 활성화 목적을 이루기 어렵다.

오늘도 전국의 재건축과 재개발 현장에서 발생하고 있는 건설폐기물을 누군가는 반드시 처리해야 한다. 건설폐기물은 천연골재를 대체하는 중요한 자원이지만, 건축물 해체 과정에서 발생하는 미세먼지는 주변 주민들에게 영향을 미치고 건설폐기물을 순환골재로 만드는 과정에서도 주변 마을에 환경 피해를 유발한다. 게다가 건설폐기물은 발생하는 전체 폐기물의 절반에 이르는 엄청난 물량이다. 그러므로 몇 번을 강조해도 모자랄 만큼 건설폐기물에 대한 특별한 관리와 연구개발은 우리에게 중요한 문제다.

건설폐기물은 그 발생과 처리 모두 공공성이 높을 뿐만 아니라 건설폐기물을 잘못 처리하면 또 다른 사회적·경제적·환경적 문제가 발생할 수 있다. 건설폐기물 문제는 단순히 민간 영역에만 맡길 일이 아니라 국가가 함께 책임져야 할 공공성을 띤 중요한 일이다. 또한 건설폐기물을 처리하는 과정에서 발생하는 2차 환경 피해를 사후 처리하는 데 국가 예산을 투입하기보다는 사전에 기술개발하는 데 적극 지원하는 것이 훨씬 경제적임을 기억해야 한다.

지식산업정보원은 〈폐자원 에너지 효율화 기술 동향과 폐기물 선순환 재활용 시스템 분석〉(2018. 10)에서 "폐기물의 적정한 처리비를 보장해줌으로써 양질의 순환골재를 생산하기 위한 시설투자와 기술개발을 가능하게 하며 제반 불법처리 요인을 근절할 수 있는 주요한 대책이 될 수 있다"며 "폐기물 제조업 분야에서 생산된 제품과는 달리 발생과 처리 과정에서 높은 수준의 공공성을 띠고 있고, 부정적 처리로 인한 2차적 사회·경제·환경적 요인은 더 큰 환경부하를 일으킬 수밖에 없기 때문에 수요·공급에 의해서 결정되는 시장경제원리를 원칙으로 적용하는 것은 무리가 있다"고 강조했다.

적정한 처리비 보전을 통한 시설 투자와 기술 개발을 유도하고, 천연골재를 대체하고, 매립지 포화상태를 예방하는 공공성을 띈 건설폐기물 처리에 정부의 지원이 필요하다는 이야기다.

환경부도 순환골재 재활용 활성화를 위해 "건설폐기물 재활용 기본계획"(2007-2011)에서 "양질의 재활용 제품을 생산하기 위해서는 시설에 대한 우선적인 투자가 필요하나 현재 대부분의 중간처리업체가 영세하여 시설의 현대화를 위한 투자는 업체 단독으로 추진하기가 곤란하다"며 "건설폐기물 재활용 촉진에 관한 법률 제59조에 근거하여 시설투자를 위한 여러 가지 방안을 검토하여 지원방안을 마련하여 지원해야 한다"고 정부의 생산설비 투자지원이 필요함을 강조했다.

오늘도 엄청나게 발생하는 건설폐기물 처리를 단순히 시장논리에 맡겨두어서는 안 된다. 미세먼지가 발생한다고 과태료를 부과하는 것만으로도 개선이 불가능하다. 재활용을 위한 제도만 만들어놓고 고부가가치로 활용되지 못하는 현실을 업체의 기술력 탓만 해서도 안 된다.

천연골재 자원이 부족하고, 건설폐기물 처리 과정에서 환경적인 문제가 발생하고, 기술개발이 되지 않으면 소중한 자원이 단순 성토용으로만 사용될 수밖에 없는 현실에서, 정부의 정책 지원과 기술개발과 환경개선을 위한 지원은 국가와 지자체의 마땅한 책임이라 할 것이다.

노후 아파트를 철거하는 현장. 건설폐기물의 발생과 처리는 국가가 함께 책임져야 할 공공성이 짙다.

더 큰 경제적·환경적 이익을 위한 분리해체

건설폐기물은 매립장에 반입되는 폐기물의 약 50퍼센트를 차지하고 있으며, 최근 정부가 골머리를 앓고 있는 불법 투기 폐기물의 79.9퍼센트를 차지하고 있다. 이처럼 건설폐기물은 매립지 수명을 단축시키거나 환경을 오염시키는 큰 요인이다. 그러나 역으로 건설폐기물을 잘 활용하면 매립장의 수명을 연장하고 부족한 천연골재 자원을 대체해 환경 보전 및 경제적 이득을 발생시키는 효자가 될 수도 있다.

환경부는 "건설폐기물 재활용 계획"(2007-2011)에서 "건설폐기물을 순환골재로 만들어 재활용할 경우, 천연골재를 사용할 때보다 단순히 골재 가격만으로 비교해 1년에 약 460억 원의 경제적 이익이 발생하며, 이외에도 매립장 사용 수명의 연장, 환경파괴 비용의 절감 등을 고려하면 단순 경제적 가치의 수십 배의 효과가 있을 것으로 예상된다"고 밝혔다.

특히 "천연골재 채취에 따른 환경복원을 법적으로 의무화하고 있으나 실제로 복구현장을 살펴보면 채취 전의 상태로 복원되기 위해서는 많은 기간이 필요한 것 등을 고려하면 순환골재 사용에 따른 자연 훼손의 방지효과가 매우 큼을 추정할 수 있다"며 순환골재 재활용의 필요성을 강조했다.

환경부는 천연골재를 대체해 순환골재를 사용할 경우 단순 골재가격만을 비교한 경제적 가치와 천연골재 채취로 인한 환경파괴 및 복구비용, 매립지의 수명 연장 등 유·무형의 가치를 포함한 경제적 이익을

순환골재 사용에 따른 경제적 효과(사회적 비용 고려)

구분	순환골재 사용 시 경제성
2007	(281.3억 원 - 6.8억 원) ÷ 450,000m^3 × 4,641천m^3 = 2831억 원
2008	(281.3억 원 - 6.8억 원) ÷ 450,000m^3 × 4,641천m^3 = 3573억 원
2009	(281.3억 원 - 6.8억 원) ÷ 450,000m^3 × 4,641천m^3 = 4393억 원
2010	(281.3억 원 - 6.8억 원) ÷ 450,000m^3 × 4,641천m^3 = 5292억 원
2011	(281.3억 원 - 6.8억 원) ÷ 450,000m^3 × 10,281천m^3 = 6271억 원
계	2조 2360억 원

순환골재 대체 시 경제적·사회적 비용 편익

구분	천연골재	순환골재
사회적 비용(억 원)	55.4 (생산, 복구비 등)	14.8 (생산비 등)
사회적 편익(억 원)	62.2 (골재 활용에 따른 편익)	296.1 (판매, 매립비 절감 등)
순 편익(억 원)	6.8	281.3

모두 환산하면 연평균 약 4472억 원 이상으로, 2007-2011년 5년 동안 총 2.2조여 원에 이른다며 순환골재 사용에 따른 경제적 효과를 제시했다.

특히 환경부는 건설폐기물로 만든 순환골재로 천연골재를 대체할 경우 발생하는 경제적·사회적 편익을 분석한 결과, 천연골재를 사용하는 경우보다 약 41.4배의 경제적 가치를 유발한다며 건설폐기물 재활용의 중요성을 강조했다.

건축물 분리 해체부터

—

건설폐기물을 순환골재로 만들어 재활용할 때 41.4배의 경제적 효과가 발생한다고 멀쩡한 건축물을 해체해 재활용할 수는 없다. 경제적 효과는 천연골재 생산에서 발생하는 자연 훼손과 그 복구까지 계산한 편익이기 때문이다. 또한 41.4배의 경제적 효과는 건설폐기물을 제대로 활용했을 때의 이야기다. 현재 순환골재 재활용의 현실을 살펴보면 콘크리트용 등의 고부가가치 사용률은 저조하다.

건설폐기물의 순환골재 재활용을 방해하는 가장 큰 요인은 건축물 해체 시 이물질의 혼합이다. 건축물 해체 현장에 쌓여 있는 건설폐기물에는 콘크리트만이 아니라 벽돌과 유리와 석고보드와 헌 옷과 폐플라스틱 등 다양한 종류의 폐기물이 함께 섞여 있다.

수도권 매립장에 반입되는 건설폐기물의 비율이 높은 이유 중 하나는 건축물 해체 단계에서 분리선별이 이루어지지 않아 건설폐기물에

건설폐기물로 순환골재를 만들기 전 각종 이물질을 걸러내고 있다.

건설폐기물에는 목재와 유리와 석고보드 등 각종 이물질이 섞여 있다. 순환골재의 품질
향상을 위해 분별해체제도를 실시해야 한다.

다량의 혼합폐기물이 섞여 매립장으로 반입되기 때문이다. 포화상태
로 치닫고 있는 매립장의 수명 연장을 위해서 뿐 아니라 순환골재 제
품의 품질을 높이기 위해서는 발생 단계에서부터 분리 배출이 중요하
다. 순환골재에 이물질이 많이 포함될 경우 콘크리트용 등의 고부가가
치로의 재활용이 어렵기 때문이다.

　그동안 건설폐기물 재활용을 위해 "순환골재 품질기준 및 인증제
도" "순환골재 의무재활용 용도 및 적용비율 확대" "순환골재 생산을

위한 기술개발 및 시설투자의 확대" 등으로 건설폐기물의 재활용을 활성화하기 위한 여건은 마련되어 있다.

순환골재의 고부가치로의 사용을 위해서는 건설폐기물의 발생 단계에서부터 분리 해체가 이루어져야 한다. 건축물의 분리 해체와 배출에 대해서는 이미 "건설폐기물의 재활용 촉진에 관한 법률"이 제5조(발주자의 의무), 제6조(배출자 등의 의무), 제17조(배출자의 신고), "건설폐기물의 재활용 촉진에 관한 법률 시행령" 제9조(건설폐기물의 처리기준) 등 분리선별에 대한 의무조항을 법으로 규정하고 있다.

그러나 건축물 해체 현장에서 잘 지켜지지 않고 있다.

건축물의 분리 해체가 제대로 이행되기 위해서는 신축 건축물의 설계 단계에서부터 분별 해체가 쉽게 이루어질 수 있는 설계와 발생하는 폐기물을 최소화할 수 있는 공법의 개발 및 건축자재의 시공이 우선되어야 한다. 또 분별 해체를 현장에서 현실화하기 위해서는 적정 해체공사비를 계상하는 것이 중요하다. 분별 해체할 경우 건축물의 철거비용은 약 20-27퍼센트 정도 증가한다. 건설폐기물 발생현장의 특성 및 시설물의 종류 등을 구분해 분별 해체 방안과 이에 따른 처리비 산정 규정을 만들어 현장에 적용토록 할 필요가 있다.

환경부는 "건설폐기물 재활용 기본 계획"(2007-2011)에서 "분리해체로 건설폐기물의 혼합폐기물 발생량이 감소하면 폐기물 처리비용이 절감되고, 양질의 순환골재 생산량이 증대되며, 매립지 반입량 감소로 인한 국토환경 보전 및 매립지 개발비용이 절감된다"며 "건설공사의 계획-설계-시공-유지관리-재활용 등의 각 단계에 따른 폐기물 발생량을 예측하고 건설폐기물 발생을 감축할 수 있는 기술방안의 수립이 필요하다"고 강조한 바 있다.

　건설폐기물에는 온갖 잡동사니 폐기물이 혼합되어 있다. 분별 해체가 이뤄지지 않기 때문이다. 이는 건설폐기물의 재활용을 저해하고, 매립장의 수명을 단축시킨다. 그뿐 아니라 경북 의성의 쓰레기 산에서 보듯 분별 해체되지 않은 건설폐기물이 전국적으로 불법 투기되는 원인이 되기도 한다. 분별 해체가 더 큰 경제적·환경적 이익을 가져오는 일이라면, 정부의 적극적인 대책 마련이 필요하다.

구멍 뚫린 순환골재 재활용정책

능선을 따라 전원주택들이 들어서 있다. 다랭이논처럼 급경사지를 깎아 옹벽을 쌓아 계단을 만들고 한 계단마다 집을 지었다. 요즘 서울의 아파트값이면 마당 있는 집을 구하고도 남는다며 서울에서 가까운 수도권 지역에서 유행하는 형태의 집이다.

급경사 산지에 집을 짓기 위해 보강토로 옹벽을 쌓는다. 보강토 옹벽은 공사가 간편하고 공사비도 저렴해 요즘 많이 사용되고 있다. 보강토 옹벽의 빈공간에는 깬 자갈을 채우는데, 천연골재 대신 건설폐기물을 파쇄한 순환골재가 많이 이용된다. 건축현장에서 가까운 건설폐기물 중간처리업체에서 구하기도 쉽고 가격도 저렴하기 때문이다.

경기도 전역의 산지형 주택 개발현장마다 보강토옹벽공법이 이용되고, 거의 모든 현장에서 순환골재를 이용하고 있었다. 전원주택단지에서 사용하는 보강토옹벽의 순환골재는 용도 규정에 합당한 것일까? 순환골재의 품질기준은 제대로 지켜지고 있을까?

급경사 산지에 보강토옹벽을 쌓아 타운하우스를 지었다.

용도규정도 없고 품질기준도 없다

—

환경부에 전화해 "요즘 산지형 전원주택단지에 보강토옹벽이 이용되는데, 보강토옹벽에 순환골재를 사용하는데 문제가 없는지, 품질기준은 무엇인지" 질의했다.

환경부 담당자는 "순환골재 용도규정에 보강토옹벽은 없는 것 같고, 품질기준도 잘 모르겠다"며 순환골재 품질기준은 국토교통부 담당이니 그쪽으로 알아보는 게 좋겠다고 말했다.

국토교통부에 전화했다. "산지형 전원주택에 많이 이용되는 보강토옹벽의 순환골재 사용이 규정에 합당한지, 품질기준은 무엇인지" 물었다. 그러나 국토교통부에서 역시 명쾌한 대답을 들을 수 없었다. "순환골재를 사용하는 용도규정은 환경부 담당이고, 국토교통부는 품질기준만 담당할 뿐"이라며 "보강토옹벽이라는 용도규정이 없어 품질기준을 대답할 수 없다"고 했다.

건설폐기물 중간처리업체에 한 담당자에게 보강토옹벽에 공급되는 순환골재량이 얼마나 되는지 물었다. '순환골재 전체 판매량 중 많은 부분을 차지한다'는 대답이 돌아왔다.

보강토옹벽이 전국의 전원주택 건설현장에서 가장 대중적인 옹벽 공사공법이 된 지 오래다. 보강토옹벽의 빈틈은 대부분 천연골재 대신 저렴한 순환골재로 채워지고 있다. 그런데 환경부의 순환골재 용도규정에 보강토옹벽 채움용이 없다.

건설폐기물법 제35조 순환골재의 재활용용도에 따른 품질기준을 살펴보면, "도로기층용, 도로보조기층용, 콘크리트용, 콘크리트 제품 제조용, 하수관거 설치용 모래대체 잔골재, 아스팔트 콘크리용, 동상 방지층 및 차단층용, 노상용, 노체용, 되메우기 및 뒷채움용, 성토용, 복토용, 기타"로 규정되어 있다.

보강토옹벽이 순환골재 사용 용도규정에 없으니 당연히 품질기준 또한 없다. 환경부나 국토교통부 담당자들도 보강토옹벽 채움재로 순환골재를 사용하는 것이 합당한지 대답하지 못했다. 법에 규정이 없기 때문이다.

순환골재 용도규정에 없는 사용처에 순환골재를 사용하는 것은 불법이다. 그러나 보강토옹벽은 이미 보편화된 시공법이고, 보강토옹벽의 채움재로 사용되는 순환골재량 또한 많다. 전국에 널리 퍼져 있는 보강토옹벽의 채움재를 모두 천연골재로 사용한다면 지금도 부족한 천연골재 자원 문제가 더 심각해질 것이다. 보강토옹벽에 사용되는 순환골재가 천연골재의 대체 효과가 크다는 것이다.

그동안 정부는 매립지의 수명 연장과 부족한 천연골재의 대체를 위해 공공기관의 순환골재 의무사용을 권장하고, 다양한 법규들을 만들

보강토옹벽을 채운 순환골재. 규격도 일정하지 않고 이물질 함유량 또한 많다. 인근에 주택이 있어 시멘트가루 피해가 발생할 수도 있다.

어왔다. 그런데 정작 현장에서 순환골재를 많이 사용하는 보강토옹벽에 대해서는 어느 곳을 찾아봐도 규정이 없었다.

보강토옹벽이 시공된 현장마다 순환골재의 크기가 제각각이었다. 순환골재 용도규정이 없으니 당연히 품질기준도 없기 때문이다. 보강토옹벽은 급경사지를 깎아 짓는 전원주택에 이용되고 있다. 보강토옹벽에 사용된 채움재가 이 건축물의 안전에 중요한 역할을 한다. 그런데 그 채움재의 품질기준이 없다.

정부는 먼저 보강토옹벽에 순환골재를 사용하는 것이 적합한지 살펴야 할 것이고, 적합하다면 안전을 위한 품질기준을 하루 속히 제정해야 할 것이다. 경사지에 지은 건축물의 안전을 좌우하는 중요한 일이기 때문이다.

책임을 서로 떠넘기는 제도의 이원화

—

그동안 건설폐기물의 재활용을 위해 환경부와 국토교통부가 많은 노력을 기울여온 것은 사실이다. 덕분에 현재 순환골재 재활용률이 98.1퍼센트다. 그러나 재활용의 대부분이 성토용이나 도로기층용이고, 고부가가치를 창출할 수 있는 콘크리트용 등에는 아직 사용이 부진한 형편이다. 부족한 천연골재를 대체하는 효과를 거두기 위해서는 순환골재가 콘크리트용이나 제품용으로 사용되어야 한다.

보강토옹벽의 용도규정과 품질기준 관리가 환경부와 국토교통부로 이원화되어 있는 것에서 보듯, 전문가들은 건설폐기물 재활용 관련 추진 체계의 이원화로 인해 효과적인 업무가 어려운 현실이라고 지적한다.

건설기술연구원은 국토교통부에 제출한 〈순환골재 활성화 방안 연구〉(2014. 12)에서 다음과 같이 정확히 지적했다.

건설폐기물의 관리와 재활용 촉진을 위한 "건설폐기물의 재활용 촉진에 관한 법률"이 2003년 12월에 제정된 이후, 건설폐기물의 재활용촉진을 위한 여러 가지 시책들이 정부 차원에서 강구되었으나, 법체계가 "폐기물관리법" "건설기술관리법" "자원의 절약과 재활용촉진에 관한 법률" "건축법" 등으로 다원화되어 있고, 담당부처도 환경부와 국토교통부로 이원화되어 있어 체계적이고 효과적인 업무추진에 어려움이 있다.

현재 건설폐기물 관련 정책은 환경부와 국토교통부가 각각 역할을

건설폐기물 관리 주체별 업무영역

구분	환경부	국토교통부
업무영역	국내 폐기물 전반의 기본 정책, 통계, 업계 관리	건설폐기물 재활용 촉진을 위한 정책, 제도, 기준
관리 대상	폐기물 처리업체	건설업체

국내 건설폐기물 관련 주요 법제도 현황

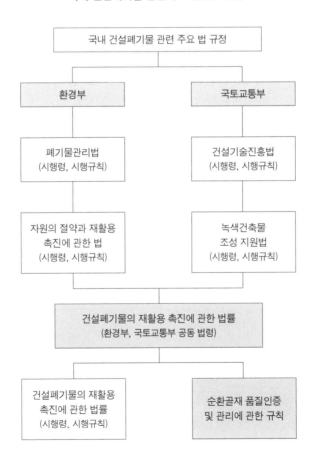

분담하고 있다. 집을 해체해 발생하는 건설폐기물은 폐기물에 해당된다. 당연히 폐기물처리 업무를 맡고 있는 환경부의 소관이다. 환경부는 폐기물 관리 및 재활용 계획 수립 등 건설폐기물의 적정처리에 대한 전반적인 정책을 수립·수행하고 있다.

그런데 건설폐기물을 순환골재로 만들어 사용하는 곳은 건설업계다. 건설에 관한 규정과 업무는 국토교통부의 소관이다. 따라서 국토교통부는 건설 전반에 걸친 건설폐기물의 재활용촉진정책의 수립을 맡고 있다.

건설기술연구원이 〈순환골재 활성화 방안 연구〉에서 국내 건설폐기물 관련 주요 법 규정을 환경부와 국토교통부로 구분해 알기 쉽게 정리했다.

건설폐기물의 재활용 촉진에 관한 법률은 환경부와 국토교통부의 공통 법령이지만, 환경부는 폐기물 처리의 입장에서, 국토교통부는 건설자재의 입장에서 법규를 운영하다 보니 그 둘 사이에 혼선과 미비점이 발생하고 있다. 좀 더 현명한 정부의 정책 개선이 필요한 지점이다.

6장

재활용의 조건

1000마리의 철새가 떼죽음한 이유

철새들이 떼죽음당했다. 죽임당한 철새들의 수가 무려 1000마리에 이른다. 청둥오리와 흰뺨검둥오리를 비롯해 도요새와 갈매기에 이르기까지 다양한 새들이 처참하게 죽었다. 코에서 피를 흘리며 고통스럽게 죽어가는 청둥오리도 있었다.

철새의 떼죽음 사태가 발생하자 정부는 철새의 사체 조사결과 살모넬라균이 원인이라고 발표했다. 철새 전문가에게 "살모넬라균으로 철새가 떼죽음할 수 있느냐?"고 물어보았다. 그분은 외국에서 철새 관련 공부 중인 아들에게도 자료 확인을 요청했다. 돌아온 대답은 "살모넬라균은 야생동물들이 대부분 지니고 있는 보균으로서 살모넬라균 때문에 철새가 죽은 사례는 없다"는 것이었다.

철새들이 전염성 살모넬라균으로 폐사한 것이라면 이후에도 죽는 철새들이 발생해야 하는데, 떼죽음당한 철새를 모두 수거한 이후에는 더 이상의 철새의 사체가 발견되지 않았다. 죽음의 원인이 살모넬라균

2008년 12월, 시화호에서 철새 1000마리가 떼죽음당하는 사건이 발생했다.

이 아니었기 때문이다.

철새들이 왜 죽었을까?

—

원인은 따로 있었다. 철새들이 떼죽음한 곳은 수자원공사가 시화호 북쪽 갯벌을 매립해 멀티테크노단지를 조성하는 현장이었다. 사업지를 여러 건설회사가 나눠 갯벌매립공사를 진행했는데, 삼성물산이 맡은 공구에서만 철새가 사망했다. 삼성물산이 갯벌을 건설폐기물을 잘게 부순 순환골재로 성토한 것이 화근이었다.

순환골재가 갯벌의 물을 만나자 순환골재 안에 포함된 시멘트의 독성이 갯벌로 퍼져나갔고, 시화호 갯벌을 찾아온 철새들이 떼죽음당했다.

철새들의 사망 원인은 건설폐기물로 만든 순환골재 때문이 아니라, 순환골재 안에 있는 시멘트가 지닌 독성 때문이었다. 우리는 '건설폐기물'이라는 용어 때문에 순환골재에서 유해성이 따로 발생한다고 오해

시화호 갯벌에 순환골재를 성토재로 사용했는데, 물을 만나자 침출수가 발생했다.

하기 쉽다. 아니다. 시멘트로 지은 새집, 그리고 20-30년 뒤 재건축을 위해 그 집을 부순 건설폐기물 안에 포함된 시멘트의 독성이 변하지 않은 것이다.

시멘트의 독성

—

시멘트는 우리가 살아가는 집과 매일 걷는 도로 등 가장 흔한 건축 재료로 사용된다. 일상에서 쉽게 만나는 건축 재료이기에 사람들은 시멘트의 유해성을 의식하지 못한다. 그러나 시멘트는 피부를 손상시키고 화상을 일으키는 유독성분을 지니고 있다.

시멘트의 원료인 석회석($CaCO_3$)에 고온의 열을 가하면 산화칼슘(CaO)과 이산화탄소(CO_2)로 분리된다[$CaCO_3$ + Heat → CaO + CO_2].

특히 시멘트는 산화칼슘과 이산화규소와 산화알루미늄과 산화철 등으로 구성되는데, 이중 64퍼센트를 차지하고 있는 산화칼슘이 물을 만나면 발열작용과 함께 강한 알칼리성이 되어 피부염이나 피부화상, 결막염과 코 궤양 등을 일으키는 원인이 된다.

크리스 윈더와 마틴 카모디는 "시멘트의 피부 독성"(The dermal toxicity of cement)에서 "석회는 물과 함께 활발히 반응하여 ph12-13의 높은 농도를 가지게 되기 때문에 시멘트를 독성물질로 판단하기에 충분하다"고 강조했다.

건설업 안전보건 전자도서관(eLCOSH) 자료 "피부보호를 위한 고용

시멘트의 주성분 요소

성분	식	구성 비율(%)
산화칼슘(석회)	CaO	64
이산화규소	SiO2	21
산화알루미늄	Al2O3	5.8
산화철	FeO3	2.9
산화마그네슘	MgO	2.5
산화황	SO3	1.7
6가크롬	Cr6	0.002
산화알칼리		1.4

* The dermal toxicity of cement(Chris Winder and Marin Carmody).

주의 안내서"(An Employer's Guide to Skin Protection, http://elcosh.org/document/59/d000457/an-employers-guide-to-skin-protection.html)의 시멘트 수소이온농도표에 따르면, 일반적인 물은 수소이온농도 ph7의 중성이고 사람 피부는 ph5의 약산성인데, 시멘트는 ph11-13의 강알칼리성이라고 한다. 국내 모든 시멘트 제품과 이태리산 및 중국산 시멘트를 분석기관에 의뢰했더니, 결과는 한결같이 ph12-13의 강알카리성이었다.

시화호의 철새가 죽은 현장에 고여 있는 침출수에 리트머스시험지를 담갔다. 순식간에 파랗게 변했다. ph측정기의 알칼리 농도가 11-12가 나왔다. 이는 새집의 시멘트와 동일한 알칼리 농도였다. 이처럼 시멘트는 처음 집을 지었을 때뿐만 아니라 콘크리트로 굳어 있던

시화호 순환골재 침출수에 리트머스시험지를 담그자 바로 파랗게 변했다. 강알칼리임을
보여주는 것이다.

20-30년의 시간이 흘러도 강알칼리의 독성은 변화되지 않는다.

철새 사망 사건의 교훈

—

철새들이 떼죽음당한 현장에서 방송사 기자와 함께 독성실험을
해보았다. 순환골재 침출수에 미꾸라지를 넣으니 순간 고통스럽게 몸
을 꿈틀거리다 죽어갔다. 시화호 근처 오이도 어시장에서 바다물고기
인 숭어와 우럭을 사다 침출수를 담은 어항에 넣었다. 숭어는 어항에
넣자마자 고통을 견디지 못하고 펄쩍펄쩍 몇 번을 뛰다 죽었고, 우럭
은 껍질이 하얗게 녹아내리며 서서히 죽었다.

시화호 철새들의 떼죽음은 살모넬라균이 아니라 시멘트의 강알칼
리 성분 때문이었다. 건설폐기물을 재활용했다고 모든 것이 좋은 게
아니다. 재활용에는 언제나 조건이 있다. 재활용으로 인해 환경오염이
나 또 다른 피해가 발생하지 않아야 한다.

재건축과 재개발로 인해 전국에 건설폐기물이 넘쳐난다. 건설폐기물의 재활용은 매립장의 수명 연장과 천연골재의 대체재가 된다는 측면에서 정말 중요하다. 그러나 환경 피해를 무시하면서 재활용을 할 수는 없다.

2008년 12월 시화호에서 철새들의 떼죽음 사건이 발생하자 정부는 2009년 6월 "순환골재 사용 시, 현장 조건에 따라 하천, 호수 등 공공수역에 근접하거나 수변 지역, 지하수와 접촉 가능한 지역 등으로 토양, 수질 등에 영향을 줄 수 있는 지역 또는 용도에 적용할 경우에는 순환골재로 인한 알칼리수의 관리가 필요하므로 알칼리성을 저하시킨 전처리된 순환골재를 사용하거나 배수로 및 집수로를 설치하는 등 공사현장에서의 환경 관련 기준을 준수하여야 한다"고 '순환골재 품질기준'을 개정해 공고했다.

시화호의 철새 사망 사건은 현장 조건을 철저히 조사해 올바르게 재활용해야 한다는 교훈을 우리에게 던져주었다.

시화호에 사용된 순환골재에서 흘러나온 침출수로 인해 청둥오리 한 마리가 붉은 코피를 흘리고 있다.

재활용에는 언제나 조건이 있다

꽃집 주차장에 자갈이 깔려 있다. 천연골재가 아니다. 건설폐기물을 파쇄해 만든 순환골재. 인천 대부도의 한 저수지 낚시터에도 순환골재가 깔려 있다. 농촌의 좁은 농로에도 순환골재가 깔려 있다. 이렇게 우리 일상에서 주차장을 비롯해 농촌 마당까지 순환골재를 사용한 현장을 쉽게 만날 수 있다.

"건설폐기물의 재활용 촉진에 관한 법률 시행령" 제4조 순환골재 재활용 용도에 '주차장 또는 농로 등의 표토용'이 규정되어 있고, 제5조 순환골재 등 의무사용 건설공사의 범위에 '노상·노외 주차장'이 포함되어 있다.

건설폐기물의 재활용 촉진에 관한 법률 시행령	제4조 순환골재 재활용 용도	도로공사용, 건설공사용, 주차장 또는 농로 등의 표토용, 순환골재 재활용제품 제조용, 매립시설 복토용
	제5조 순환골재 등 의무사용 건설공사의 범위	도로공사(1킬로미터 이상 신설·확장), 산업단지 조성(15만 제곱미터), 택지개발사업(30만 제곱미터), 물류단지, 노상·노외 주차장

안전과 환경을 고려한 재활용

—

순환골재를 주차장과 농로 등에 사용하는 것은 법적으로 아무 문제가 없다. 그러나 "건설폐기물의 재활용 촉진에 관한 법률" 용도에 규정되어 있으면 환경적으로도 아무 문제가 없는 것일까?

2008년 12월의 시화호 철새 떼죽음은 용도규정에 맞게 사용한 순환골재가 시화호 갯벌의 물을 만나 강알칼리의 침출수가 발생하며 일어난 사고로, 순환골재의 재활용에는 언제나 안전과 환경이 먼저 고려되어야 함을 확인시켜주었다. 건설폐기물은 다른 폐기물에 비해 유해성이 낮은 편이지만, 그렇다고 무해한 것은 아니다. 시멘트라는 유독성 물질이 함유되어 있기 때문이다.

순환골재를 주차장이나 농로에 사용할 경우 크게 두 가지 문제가 발생할 수 있다. 첫째는 순환골재에 함유된 시멘트의 강알칼리성으로 인한 토양의 황폐화이고, 둘째는 주차장에 깔아놓은 순환골재의 미세 시멘트가루가 인체에 미치는 영향이다.

흙은 지구의 표면이 서서히 부서지면서 만들어진 광물질이다. 식물

꽃집 주차장 바닥에 순환골재가 깔려 있다.

농로에 깔아놓은 순환골재. 환경을 생각한다면 다시 한 번 고려해야 할 일이다.

이 뿌리를 내리고 자라는 토양이며, 식물과 더불어 살아가는 동물과 수많은 곤충의 터전이다. 흙이 건강해야 다양한 생명이 깃들 수 있다. 흙은 모든 생명의 근원이라고 할 수 있다.

그러나 시멘트는 흙을 황폐하게 만든다. 시멘트에 함유된 ph12의 강알칼리 성분이 흙을 이롭게 하는 모든 생명을 한순간에 몰살시키기 때문이다. 시화호의 철새들이 죽은 현장에서 순환골재의 독성실험을 했다. 순환골재 침출수에 미꾸라지를 넣자마자 몸을 뒤틀고 죽었다. 강알칼리 성분 때문이었다. 미꾸라지들이 바로 죽는다면 순환골재를 깔아놓은 땅 밑에서 살아가는 지렁이와 작은 곤충들 역시 살 수 없음이 자명하다. 농로에 깔아놓은 순환골재는 주변 토양에서 살아가는 생명들에게 피해를 입힐 수 있다.

건설폐기물을 파쇄해서 만든 순환골재에는 모래와 자갈만 있는 것이 아니다. 순환골재에 함유된 시멘트가 문제가 된다. 주차장 바닥에 깔아놓은 순환골재를 차량과 사람들이 밟고 다닐 때, 지속적으로 시멘트가루가 발생한다. 시멘트가루가 바람에 날려 오가는 사람들과 주변 환경에 피해를 줄 수 있다. 시멘트에는 산화칼슘인 석회(CaO)가 64퍼센트를 차지하고 있는데, 바로 이 석회가루가 인체에 피해를 일으킨다.

일상에서 쉽게 만날 수 있는 건축 재료이기에 시멘트의 유해성을 간과하기 쉽다. 그러나 시멘트가루가 사람들에게 피부질환과 눈과 코의 결막염을 일으키는 유해물질임을 기억해야 한다. 순환골재에 함유된 시멘트 역시 그 유해성이 크게 다르지 않기에 순환골재의 생산 및 사용에 주의가 필요한 것이다.

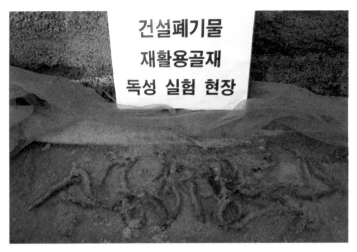

시화호에 사용된 순환골재에서 흘러나온 침출수에 미꾸라지를 넣자마자 바로 죽어버렸다. 시멘트의 강알칼리 성분 때문이다.

시멘트의 인체 유해 중금속

—

시멘트는 다양한 종류의 환경 유해 중금속을 함유하고 있다. 국립환경과학원은 〈시멘트 제품 중 유해물질 기준(안) 마련 연구〉(2015)에서 국내 시멘트 제품 10개를 조사한 결과, 유해물질 중금속 5항목(비소, 카드뮴, 구리, 납, 수은)을 비롯해 유해물질 항목 8종(Ba, Be, Ni, Sb, Se, V, Tl, Zn)의 함유량을 공개했다.

이처럼 시멘트에는 다양한 인체 유해 중금속이 함유되어 있다. 다행히 토양환경보전법 시행규칙의 '토양오염 우려기준(제1조의 5)과 토양오염 대책기준(제20조)'을 초과할 만큼 유해성이 심각하지는 않다. 토양오염기준보다 낮아서 정부에서 안심하고 순환골재 사용을 권장한 것

구분	사업장	As		Cd		Pb		Cu		Hg	
		1차	2차	1차	2차	1차	2차	1차	2차	1차	2차
시멘트	A	4,097	3,551	7,580	9,943	96,283	90,856	84,377	77,143	0,0163	0,0203
	B	3,910	3,899	7,794	9,340	88,463	81,144	65,721	63,696	0,0693	0,0340
	C	21,014	32,744	8,451	10,337	230,033	200,751	282,512	270,674	0,0430	0,0180
	D	9,247	11,143	7,095	8,350	153,586	156,175	131,469	163,351	0,0317	0,0330
	E	19,079	27,119	7,223	9,385	148,167	133,294	124,396	102,579	0,0077	0,0090
	F	5,351	3,819	7,523	8,170	117,509	93,916	46,651	46,493	ND	ND
	G	8,030	9,890	7,055	9,090	96,785	125,490	41,400	57,743	0,0280	ND
	H	5,406	5,853	7,097	7,031	82,172	84,505	36,012	49,152	ND	ND
	I	8,896	14,143	7,021	8,279	177,157	157,040	163,756	122,049	0,0387	0,0380
	J	9,221	4,948	7,448	6,340	119,003	75,125	37,000	21,711	0,0239	0,0277

구분	시료명	Ba		Be		Ni		Sb		Se		V		Ti		Zn	
		1차	2차	1차	2차	1차	2차	1차	2차	1차	2차	1차	2차	1차	2차	1차	2차
시멘트	A	194	155	-	ND	0,36	3,02	ND	1,48	ND	2,57	31,32	26,57	24,43	20,09	602	349
	B	175	159	-	ND	0,44	3,28	ND	2,04	0,45	4,68	38,88	28,74	23,30	22,40	81	67
	C	339	281	-	ND	5,43	11,13	ND	0,79	ND	2,30	22,32	23,6	26,13	24,57	838	728
	D	212	178	-	ND	2,38	5,96	ND	1,72	0,73	2,02	27,10	31,61	24,86	31,65	622	506
	E	156	136	-	ND	5,78	4,56	ND	0,30	0,54	4,34	29,80	26,63	21,20	18,25	540	226
	F	145	140	-	ND	ND	0,66	ND	2,17	0,79	3,72	19,78	15,66	22,55	22,12	445	644
	G	128	135	-	ND	ND	0,28	ND	ND	0,35	2,88	18,87	15,51	28,84	29,66	807	546
	H	136	131	-	ND	ND	3,07	ND	ND	ND	3,95	41,49	23,94	26,36	33,95	330	774
	I	239	192	-	ND	ND	1,80	ND	0,18	ND	5,90	31,00	19,59	29,14	23,62	1455	961
	J	131	176	-	ND	ND	0,22	ND	0,65	1,9	5,99	21,95	ND	21,69	18,42	976	612

• 국립환경과학원.

낚시터에 깔아놓은 순환골재. 피부질환을 일으키는 시멘트가루가 사람들에게 안전할까?

은 사실이다. 그렇다고 시멘트가 언제나 인체와 주변 환경에 안전한 것은 아니다.

흙에는 다양한 생명이 살아간다. 생명을 키우는 농토 주변 농로에 순환골재를 사용하는 것은 좀 더 신중을 기해야 한다. 주차장의 순환 골재 사용 역시 지속적으로 발생하는 시멘트가루로 인해 많은 사람들의 건강에 피해를 줄 수 있다.

주차장과 농로에 사용되는 순환골재가 재활용 활성화에 한몫을 할 수 있다. 그러나 이렇게 단순한 용도로만 재활용을 추진한다면 천연골재 자원 대체라는 큰 목적을 이룰 수 없으며, 품질 향상을 위한 기술개발을 외면하는 결과를 가져올 것이다. 재활용보다 환경과 안전이 우선임을 잊어서는 안 된다.

처벌만이 능사는 아니다

과태료 6건, 총 1300만 원 부과. 2019년 12월 화성시는 정부의 "미세먼지 고농도 시기 특별대책"에 따라 미세먼지 주요 발생원 중 하나인 건설폐기물 중간처리업체들을 집중 점검했다. 그 결과 화성시 관내 12개소 중 '비산먼지 억제조치 시설 적정 운영 여부' 등을 위반한 6개 업체를 적발해 과태료, 경고, 개선명령 등 총 9건의 행정처분을 내렸다고 발표했다.

과태료를 부과하고 개선명령을 내리면 건설폐기물 중간처리업체에서 발생하는 미세먼지가 사라질까?

건설폐기물 중간처리업체는 건설폐기물 처리비를 받아 순환골재를 만드는 민간사업장이다. 해당 관청의 지도 단속은 당연한 일이며, 단속 이전에 사업자가 비산먼지가 발생하지 않도록 시설 개선 등의 철저한 관리를 해야 한다.

그러나 관리를 아무리 잘해도 건설폐기물을 순환골재로 만드는 사업장 주변에는 미세먼지가 많을 수밖에 없다. 콘크리트 덩어리를 잘게 부수는 과정에서 미세한 시멘트가루가 주변에 퍼져나가기 때문이다. 건설폐기물 처리과정에서 미세먼지가 발생하지 않는 공법 적용과 기술개발이 선행되지 않고 일회성으로 과태료를 물리는 것만으로는 미세먼지 문제를 해결할 수 없다.

숨 쉬는 것조차 두려운 환경

—

경기도의 한 건설폐기물 중간처리업체 주변 마을 주민들이 시위에 나섰다. 인근 초등학교 학생들의 건강이 우려된다는 이유였다. 건설폐기물 처리업체 인근 아파트 안 자전거 안장에 하얀 먼지가 내려앉았다. 시멘트가루다. 업체 주변을 둘러보았다. 풀밭에서 발을 뗄 때마다 하얀 가루가 날린다.

인천 수도권 매립지 인근 마을 앞 도로에는 미세먼지가 없는 맑은 날에도 도로 주변은 먼지로 가득하다. 매립지로 향하는 쓰레기 실은 차량들이 줄줄이 오가고, 주변에 건설폐기물 중간처리업체가 세 곳이나 있다. 희뿌연 도로를 보면 창을 열고 숨 쉬는 것이 두려워진다.

환경부가 2019년 11월 19일, 인천 사월마을의 주민건강영향조사 결과를 발표했다. 주민 125명 중 15명이 암에 걸렸다. 이곳은 인근에 수도권 매립지와 3개의 건설폐기물 처리업체, 그리고 마을 주민 수보다 더 많은 400여 개의 공장으로 둘러싸여 있다. 마을 곳곳에 주변 공장에서 날아온 쇳가루와 하얀 시멘트 먼지가 쌓여 있다.

건설폐기물 중간처리업체 인근 초등학교 학부모들이 시위를 하고 있다.

사월마을 주민들은 2017년 정부에 주민들의 건강과 주변 환경 역학관계조사를 요구했다. 이에 환경부는 사월마을 52세대, 주민 125명을 대상으로 2년여 동안 주민건강 실태를 조사했다. 그리고 2019년 11월 19일 사월마을은 사람이 살기에 적합한 주거환경이 아니라는 결론을 발표했다. 주민들이 이주하거나 공장을 이전하는 장·단기적 대책이 필요하다는 의견도 함께 제시되었다.

환경부는 수도권 매립지와 마을을 둘러싼 400여 개의 공장 중 마을 주민 12퍼센트를 암에 걸리게 한 오염원인을 밝히지 않았다. 마을 환경이 주민건강에 미친 영향을 살펴본 것이지 오염원별 조사는 하지 않았다는 이유였다.

환경부가 사월마을 주민들을 암에 걸리게 한 원인을 밝히지는 않았지만, 분명한 건 사월마을이 더 이상 사람이 살기 힘든 곳이라는 사실

인천 수도권 매립지 인근 사월마을 앞 도로. 매립지로 향하는 수많은 차량들로 인해 이곳엔 언제나 미세먼지로 뿌옇다.

이다. 전국 최대의 쓰레기 매립장. 종일 마을 앞을 오가는 쓰레기 차량들, 마을을 둘러싼 400여 개의 크고 작은 공장들, 그리고 인근에 있는 시멘트가루 날리는 3개의 건설폐기물 중간처리업체들.

또 다른 사월마을이 발생하지 않도록

—

경기도에 있는 한 건설폐기물 중간처리업체에는 사업장에서 발생하는 먼지 농도를 알 수 있도록 지붕에 TMS(Tele Monitoring System) 장치가 달려 있다. 이 업체에서는 최선을 다해 먼지 발생을 차단하고, 이를 눈으로 확인하는 노력을 하고 있다. 사업장 주변도 다른 사업장에 비해 쾌적하다.

그러나 모든 업체가 이런 것은 아니다. 건설폐기물 중간처리업체는 영세 사업장이 많아 시설 개선과 기술개발에 많은 예산을 투자하기 어려운 상황이다.

건설폐기물의 콘크리트 덩어리를 잘게 파쇄하는 건설폐기물 중간처리업체에서 미세한 시멘트가루가 발생하는 것을 100퍼센트 막을 수는 없다. 경기도 화성시처럼 매번 과태료를 물리고 행정처분을 반복한다고 미세먼지를 완전히 막을 수 있는 것도 아니다. 건설폐기물 중간처리업체에 미세먼지 해결의 책임을 떠넘긴다고 해결될 일이 아니다.

건설폐기물 처리과정에서 미세먼지가 발생한다고 재건축과 재개발을 하지 않을 수도 없다. 결국 건설폐기물의 발생과 처리는 국가가 책임져야 할 공공성을 띤 사업이라는 결론이다.

2018년 11월 29일, 정부는 '불법 폐기물 근절대책'에서 전국에 방치된 불법 폐기물 중 무려 79.9퍼센트가 건설폐기물이라고 밝혔다. 불법으로 투기된 건설폐기물을 처리하기 위해, 인천 사월마을의 주민 건강과 집단 이주를 위해 정부는 많은 예산을 퍼부어야 한다. 그렇다면 지금처럼 환경 피해가 발생한 이후 많은 예산을 집행해 대책을 마련하기보다, 사전에 관련 기업에 미세먼지 발생 저감기술 개발과 방진 설비를 지원해 환경피해를 예방하는 것이 더 효과적이지 않을까?

건설폐기물 중간처리업체는 건설폐기물 처리비용을 받고 순환골재를 만들어 판매함으로써 이익을 창출하는 민간기업이다. 그러나 재건축과 재개발로 인해 발생하는 수많은 건설폐기물의 처리는 건설폐기물 철거업체와 운반업체와 중간처리업체가 책임져야 할 사적인 영역을 넘어선다. 올바른 재활용이 국가의 경제와 환경보호에 이익이 되는

사월마을은 이렇게 건설폐기물 중간처리업체와 400여 개의 공장들로 둘러싸여 있다.

일이라면, 건설폐기물 재활용에 정부가 정책 지원뿐 아니라 기술개발 등에도 적극 지원해야 함이 마땅하다.

협력을 통한 상생의 길

아스팔트 도로가 밀려오는 파도처럼 치솟았다. 도로 경계선의 흰 페인트가 이리저리 춤을 춘다. 이곳은 건축용 골재나 건설폐기물을 실은 대형 물류차량이 많이 오가는 경기도의 한 도로 모습이다. 대형 덤프트럭들의 무게를 이기지 못하고 아스팔트 도로가 훼손된 것이다.

서울시는 지난 2012년 2월 적재화물별 과적 차량을 단속한 결과, 적발된 3853대의 45퍼센트인 1732대가 건설공사 현장의 토사·석재·철근·폐기물을 실은 화물 차량인 것으로 나타났으며, 차종별로는 건설공사현장과 화물 집하장에서 토사와 건설자재를 운반하는 덤프트럭과 카고트럭이 75퍼센트를 차지한다고 밝힌 바 있다.

아스팔트 도로가 파도처럼 춤을 추는 이유는 시공이 잘못된 탓도 있겠지만, 과적 차량으로 인한 원인이 가장 크다고 할 수 있다.

한국지방행정연구원은 〈경기도 과적 차량 단속 지원체계 구축방안〉 (2016)에서 "과적 차량으로 인해 도로 훼손 발생과 과다한 복구비용

건설 골재와 건설폐기물을 실은 대형 물류 차량의 통행이 많은 아스팔트 도로의 훼손 현장.

그리고 교통사고로 인한 인명과 재산 피해 발생이 막대해 대책이 필요하다"고 강조했다.

> 과적 차량 운행은 도로와 구조물에 피해를 입혀, 이를 보수하는데 들어가는 막대한 비용의 낭비뿐만이 아니라, 과적 차량에 의한 교통사고 등의 발생 시 그로부터 발생하는 인명 피해, 재산상 피해가 막대하고, 최근 이러한 안전상의 문제가 더욱 사회적으로 관심 있게 제기되고 있는 상황에서 적극적인 통합적 관리가 시행되고 이를 바탕으로 과학적인 대책 등이 마련되어야 할 것임.

지속적 재활용을 위한 길

—

운전 중에 건설폐기물을 가득 실은 차량을 만나면 언제 돌덩이가 떨어질지 마음이 불안해진다. 2013년 제정된 "건설폐기물의 재활용촉진에 관한 법률"과 그 시행령 및 시행규칙에는 건설폐기물을 운반하는 차량은 건설폐기물이 누출되지 않도록 덮개가 있는 차량을 이용해야 한다고 규정하고 있다.

환경부는 이미 2013년 "건설폐기물의 재활용 촉진에 관한 법률"을 통해 건설폐기물 운반 차량의 덮개를 규정했지만, 건설폐기물을 운반하는 차량으로부터 여전히 먼지가 날리고 돌덩어리가 떨어져 민원이 자주 발생하자 그동안 규정으로만 있던 건설폐기물 수집운반 차량의 덮개 설치를 2016년 7월 1일부터 의무화했다.

덮개는 덮었지만 과적으로 인해 낙하물이 생길 수밖에 없는 건설폐기물 운반 차량.

법률	내용
건설폐기물의 재활용 촉진에 관한 법률 제13조(건설폐기물의 처리기준 등)	① 누구든지 건설폐기물을 배출, 수집·운반, 보관 또는 중간처리를 하려는 자는 대통령령으로 정하는 기준과 방법에 따라야 하며, 건설폐기물을 수집·운반하는 경우 건설폐기물이 흩날리거나 누출되지 아니하도록 상부 전체가 금속 또는 이에 준하는 재질로서 환경부령으로 정하는 재질로 덮여 있는 차량을 이용하여야 한다.
건설폐기물의 재활용 촉진에 관한 법률 시행령 제9조(건설폐기물의 처리기준 등)	• 건설폐기물을 수집·운반하는 자는 건설폐기물을 수집·운반하는 차량에 건설폐기물을 수집·운반하는 차량임을 표시하고, 건설폐기물수집·운반증을 부착(철도차량 또는 선박으로 운반하는 경우에는 휴대)해야 한다. • 건설폐기물의 수집·운반, 보관중 건설폐기물이 흩날리거나 흘러내리지 아니하도록 덮개 등을 설치할 것.
건설폐기물의 재활용 촉진에 관한 법률 시행규칙 제3조의 3	(수집운반차량 덮개 재질)에 "환경부령으로 정하는 재질"이란 1.강화플라스틱 재질, 2.폴리카보네이트 재질, 3.탄소섬유 재질.

덕분에 건설폐기물 운반 차량으로 인한 비산먼지 발생과 돌덩어리의 낙하는 많이 줄어들었다. 그러나 완전히 사라진 것은 아니다. 건설폐기물을 조금 더 많이 운반하려는 욕심으로 덮개가 벌어진 상태로 운행하는 일이 다반사이고, 그로 인해 여전히 비산먼지가 발생하고, 차량에서 돌덩어리가 떨어지는 것을 종종 목격할 수 있다.

〈전주일보〉는 2019년 7월16일 "덮개 없이 건설폐기물 운반, 사고 위험: 비산먼지 무서워"라는 보도에서 재개발 현장에서 건설폐기물을 실어 나르는 문제점을 다음과 같이 상세히 보도했다.

폐기물 처리 운반비 아끼려 덤프트럭 과적 운행 강행 소음:
분진 주민 원성 끝없어

전주 시내 일부 재개발공사 현장에서 건설폐기물을 실은 운반 차량들이 덮개를 덮지 않은 채 규정을 훨씬 초과하는 과적 운행을 일삼고 있어 말썽을 빚고 있다. 특히 수년 전부터 건설폐기물 운반 차량의 덮개 설치를 의무화하는 법안이 시행되고 있지만 과적 때문에 이를 제대로 지키지 않으면서 안전사고 위험과 도로파손, 교통사고의 원인이 되고 있다. 그런데도 관련 당국의 단속은 이뤄지지 않고 있어 눈먼 행정이라는 비난을 사고 있다.

지난 2016년 7월 1일부터 건설폐기물의 운반·보관 처리 등 모든 과정에 대한 비산먼지 강화 방안이 의무화됐다. 이에 따라 건설폐기물 운반 차량은 건설폐기물 수집, 운반 차량의 먼지날림과 폐기물 낙하 예방을 위해 금속 등으로 덮개를 설치하고, 주거지역 인근 1킬로미터의 보관처리시설에 방진벽과 덮개, 살수시설을 필수적으로 설치해야 한다.

문제는 폐기물 처리업자들이 덤프트럭 운반비를 아끼기 위해 필요 이상의 폐기물을 싣고 적재함까지 열어젖힌 채 운행을 강행한다는 점이다. 덤프트럭 운전자들이 단속을 피하기 위해 자동 덮개를 제대로 덮지 않아 도로에 낙하물이 떨어질 경우 각종 안전사고 등 교통사고의 원인이 되고 있다.

규정보다 훨씬 많은 폐기물을 적재한 관계로 덮개를 덮지 못한 채 각종 폐기물을 실어나르는 덤프트럭들이 곳곳에서 목격됐다. 이 지역 공사현장 덤프트럭 운전자들은 아파트 주변 왕복 2차선의 좁은 도로를 이용해 폐기물을 실어 날랐지만 입주민들의 민원이 쇄도하면서 서부시장 쪽 도로로 방향을 바꿔 운행을 계속하고 있다.

이곳 주민들은 그동안 폐기물 운행 덤프트럭들이 내뿜는 각종 소음과 분진 때문에 많은 불편을 감내하며 생활을 계속해오고 있다. 또 최근까지 덮개를 덮지 않고 운행을 강행하는 일부 덤프트럭 때문에 각종 안전사고와 교통사고 위험으로 주민들의 원성은 그칠 줄 모를 정도였다.

덤프트럭 업자들이 운반비용을 줄이기 위해 필요 이상의 폐기물을 싣거나 적재함 덮개를 덮지 않고 운행하는 모습이 자주 목격됐다. 한편 공사현장에서 폐기물 운행 차량들이 덮개를 덮지 않고 운행하거나 덮개를 덮었더라도 모래나 자갈 물 등을 흘리면서 운행을 하면 도로교통법 제35조 1항에 따라 범칙금이 부과된다.

사람들이 건설폐기물과 관련해 가장 먼저 떠올리는 이미지는 건설폐기물 운반 차량으로 인한 돌덩어리의 낙하와 도로 훼손 등이다. 이런

인천의 한 건설폐기물 중간처리업체에 들어가기 위해 대기 중인 건설폐기물 운반차량. 위로 불쑥 솟아오르게 실은 건설폐기물은 덮개를 덮어도 언제든 도로에 떨어져 사고의 원인이 될 수 있다.

이유로 인해 건설폐기물을 재활용하는 순환골재에 대한 이미지도 함께 추락하는 것이 아닐까?

폐기물협회 홈페이지에 따르면, 전국에서 건설폐기물을 운반하는 수집운반업체 수는 2018년 현재 1589개이고, 건설폐기물로 순환골재를 만드는 건설폐기물 중간처리업체 수는 562개에 이른다. 건설폐기물을 중간처리업체로 운반해주는 건설폐기물 운반업체와 순환골재를 만드는 중간처리업체는 한 몸과 같은 운명공동체라 할 것이다.

지금 당장 조금 더 많은 이익을 위한 욕심이 과적을 부르고, 결국 비산먼지 발생과 낙하물 사고 그리고 도로 훼손 등으로 인해 순환골재에 대한 이미지까지 추락시킬 수 있다. 순환골재 재활용 활성화를 위해 중간처리업체와 운반업체들의 지혜로운 협력이 필요한 지점이다.

참고문헌

단행본

롭 헹거벨트, 《훼손된 세상》, 서종기 역(생각과사람들, 2013).

박전자, 《주거환경학개론》(세진사, 2001).

발레리 줄레조, 《아파트공화국》, 길혜연 역(후마니타스, 2007).

에드워드 흄즈, 《102톤의 물음》, 박준식 역(낮은산, 2013).

에이미 스튜어트, 《지렁이, 소리 없이 땅을 일구는 일꾼》, 이한중 역(달팽이, 2005).

유네스코한국위원회, 《한 시민의 쓰레기 연구》(따님, 1996).

이상헌, 《대한민국에 건축은 없다》(효형출판, 2012).

전남일, 《집》(돌베개, 2015).

전남일, 《한국 주거의 공간사》(돌베개, 2010).

정기용, 《사람, 건축, 도시》(현실문화, 2008).

제이 하먼, 《새로운 황금시대》, 이영래 역(어크로스, 2010).

제임스 B. 나르디, 《흙을 살리는 자연의 위대한 생명들》, 노승영 역(상상의숲, 2009).

최병성, 《강은 살아있다》(황소걸음, 2010).

_____, 《대한민국 쓰레기시멘트의 비밀》(이상북스, 2015).

보고서 및 논문

감사원, 감사보고서: 폐기물 관리 및 재활용 실태, 2019. 12.

경기연구원, 더 이상 방치할 수 없는 도시경관의 해법, 2017. 1.

국립환경과학원, 시멘트 제품 중 유해물질 기준(안) 마련 연구, 2015.

_____, 건설폐기물의 관리개선 방안 연구, 2003.

_____, 고형연료 사용시설 관리기준, 2013. 4.

_____, 공동주택 오염도 변화추이 파악을 위한 시계열 조사, 2009. 9.

_____, 기타연료 사용에 따른 대기오염물질 배출계수 개발 연구(I), 2015.

_____, 기타연료 사용에 따른 대기오염물질 배출계수 개발 연구(II),
   2016.

_____, 시멘트 제품의 중금속 관리 기준(안) 설정에 관한 연구, 2009.

국토교통부, 제5차(2014-2018) 골재수급기본계획.

_____, 골재의 수급 안정 및 품질 향상 방안 연구, 2010.10.

_____, 제1차 경관정책기본계획(2015-2019), 2015. 7.

김일방, 쓰레기 대란 해소의 출발, 오는 대로 받는 인구 유입 문제, 2020. 01. 24.

사단법인 솔루션, 바이오매스가 기후변화를 막을 수 있을까? 만들어진 오해와 진실,
   2019.

양윤재, 도시환경의 변화와 미래의 주택, 환경논단 제30권, 1992.

연세대학교 사회환경시스템공학부, 시멘트 생산과정에 따른 CaO 함량과 CO_2의
   발생량, 2013. 8.

요업기술원, 시멘트 및 모르타르 공시체 등의 중금속 분석(최종보고서), 2008. 3.

_____, 시멘트 중 중금속 함량조사 연구(최종보고서), 2006. 5.

이광윤, 경관법 제정의 세계화와 한국의 과제, 2010.

이학춘·박종원, 토석 채취에 따른 환경문제에 관한 법적 고찰, 2017.

인천지역환경기술개발센터, 도시 생활폐기물 소각재의 건설재료로서 재활용 방안.

장기원·허선화 외, 고형연료의 배출특성 연구.

장명호, 고형연료제품 성상 변화에 따른 연소특성에 관한 연구, 2013. 8.

제주발전연구원, 자원 순환형 사회 구축을 위한 순환골재의 새로운 재활용 방안 모색,

지식산업정보원, 폐자원 에너지 효율화 기술 동향과 폐기물 선순환 재활용 시스템
   분석, 2018.

채경석·박진구 외, 건축물 해체 시 발생하는 건설폐기물 처리의 문제점 및 개선방향.

최민수, 건자재 산업 동향 및 전망(1), 2004. 2.

＿＿＿＿, 바다모래의 단/장기 수급 안정 방안, 2004. 6.

＿＿＿＿, 지역별 골재 소비 구조 분석 및 안정 방안, 2003. 4.

충청남도보건환경연구원, 폐기물 유형에 따른 소각재의 중금속 용출 특성 연구, 2005.

한국건설관리학회 논문집 제8권, CO_2 배출 특성을 고려한 건설폐기물 관리방안 수립기준: 고층 주거건물 건설 프로젝트를 대상으로 한 사례조사, 2007. 12.

한국건설기술연구원, 순환골재 활성화 방안 연구, 2014. 12.

＿＿＿＿＿＿＿＿, 건설폐기물 인프라 구축 및 공인기관(KOLAS) 운영사업, 2016. 12.

＿＿＿＿＿＿＿＿, 건축물 분별해체 도입방안 마련연구, 2012. 11.

＿＿＿＿＿＿＿＿ , 순환골재 사용용도 세분화·구체화 및 환경피해 예방기준(안) 마련 연구, 2009. 9.

＿＿＿＿＿＿＿＿, 순환골재 활성화 방안 연구, 2014. 12.

한국건설자원협회, 2019 순환골재·순환골재 재활용품 우수활용 사례집, 2019.

＿＿＿＿＿＿＿＿, 대한건설폐기물공제조합, 순환골재의 실질재활용률 향상을 위한 제도개선 방안, 2013. 11.

한국기술융합연구원 국립 금오공과대학교 산학협력단, 순환골재의 실질재활용률 향상을 위한 제도 개선방안, 2013. 11.

한국노인인력개발원, 폐지수집 노인 실태에 관한 기초연구, 2018. 11.

한국은행, 시멘트산업의 현황과 과제, 2011.

한국지방행정연구원, 경기도 과적 차량 단속 지원체계 구축방안, 2016.

한국해양수산개발원, 바다모래 수급실태 및 관리방안 연구.

＿＿＿＿＿＿＿＿, 건설용 모래 공급사슬관리방안−바다모래 가치 재산정을 중심으로, 2018. 12.

＿＿＿＿＿＿＿＿, 모래 수입물류 효율화 방안, 2005. 12.

＿＿＿＿＿＿＿＿, 바다모래 수급실태 및 관리방안 연구, 2003. 12.

＿＿＿＿＿＿＿＿ , 생물학적 모형을 활용한 해사채취의 외부효과 추정, 2005. 12.

한국환경정책평가연구원, 고형연료 에너지 시설의 대기오염물질 관리 개선방안 연구,

　　　　2018. 6.

_____, 자연경관심의제도의 현황분석 및 제도 개선방안, 2013.
　　　　12.

해양수산부, EEZ 바다모래 채취 제도개선 연구 최종보고서, 2017. 10.

환경부, 건설폐기물 재활용 기본계획(2007-2011),

_____, 교육부 외 관계부처 합동, 실내 공기질 관리 기본계획(2015-2019), 2015. 2.

_____, 난분해성 방향족 화합물을 함유한 석유화학 공정 폐기물의 현황분석 및 이를
　　　　이용한 계면활성제의 개발, 2007. 10.

_____, 방치폐기물 발생 방지를 위한 제도적 장치 마련 연구, 2006. 9.

_____, 방치폐기물 이행보증제도 개선방안 연구, 2002. 8.

_____, 방치폐기물처리제도의 실효성 확보방안 연구, 2007. 9.

_____, 아토피질환 예방관리 총람, 2012. 1.

_____, 재생골재를 등급별로 분리·선별할 수 있는 시스템 개발, 2007. 6.

_____, 제3차 건설폐기물 재활용 기본계획 수립을 위한 연구, 2016. 11.

Chris Winder and Marin Carmody, "The dermal toxicity of cement."